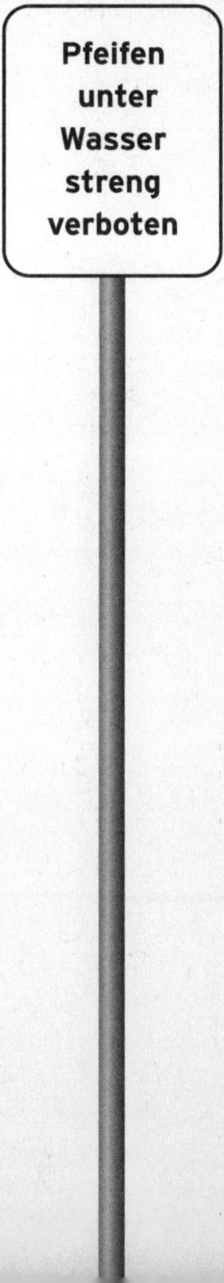
Pfeifen
unter
Wasser
streng
verboten

David Crombie

Pfeifen unter Wasser streng verboten

Die kuriosesten Gesetze der Welt

Aus dem Englischen übertragen
und um deutsche Beispiele ergänzt von
Falk van Helsing

Eichborn.

5 6 7 8 04 03 02

Lektorat: Dr. phil. Oliver Thomas Domzalski
Covergestaltung: Irma Schick
Gestaltung und Satz: die Basis, Wiesbaden
Druck und Bindung: Clausen & Bosse, Leck
ISBN 3-8218-2470-0

Verlagsverzeichnis schickt gern:
Eichborn Verlag, Kaiserstr. 66,
D–60329 Frankfurt am Main
www.eichborn.de

Inhalt

Vorwort

Das Leben jedes Einzelnen von uns wird von der Wiege bis zur Bahre durch zahlreiche Gesetze bestimmt. Jeder, der beruflich oder privat mit dem Gesetzesdschungel zu tun hat, wird schnell zwei Dinge feststellen:

Erstens sind Gesetze als verbindliche Rechtsvorschriften für das Zusammenleben mehrerer Milliarden Menschen auf der recht überschaubaren Erdkugel unentbehrlich.

Zweitens ist der Umgang mit Gesetzen eine freudlose bis frustrierende Angelegenheit. Haben Sie schon mal von einer Vorschrift mit dem Wortlaut »Jeden Bürger glücklich zu machen, ist Verpflichtung allen staatlichen Handelns« gehört? Ich auch nicht. Das mit Abstand häufigste Wort aller Gesetzestexte ist vielmehr »verboten«. »Das Paragrafenzeichen allein sieht aus wie ein Folterwerkzeug«, beklagte schon Stanislaw Jerzy Lec.

Aber die Lektüre von Gesetzestexten lohnt trotzdem: »Wer die Gesetze nicht kennt, bringt sich um das Vergnügen, gegen sie zu verstoßen.« stellte der französische Schriftsteller Jean Genet treffend fest. Denn im ganz alltäglichen Gesetzeswahnsinn gibt es jede Menge Witz und Humor zu entdecken. Nicht wenige Gesetzestexte sind reinste Realsatire. Viele Gesetze widersprechen sich bereits selbst oder sind schlicht irrsinnig. So ist das Halten von Eseln in Badewannen ebenso verboten wie das Ablecken von Kröten – ein Schicksal, das auch Autofahrten mit verbundenen Augen und Motorbootfahrten auf der Straße teilen. Dieses fröhliche Buch gibt die kuriosesten und seltsamsten Normen der Welt wieder.

Alle wiedergegebenen Gesetze gibt es tatsächlich. Sie sind einer Vielzahl von Quellen wie Gesetzblättern, Büchern, Zeitschriften, Zeitungen und dem Internet entnommen. Einige wenige mögen inzwischen aufgehoben worden sein oder werden zumindest nicht mehr angewendet. Schon Kirchmann, der erste Staatsanwalt in Berlin und Preußen, hat 1847 festgestellt: »Drei berichtigende Worte des Gesetzgebers, und ganze Bibliotheken werden zur Makulatur.« Wer die besonders skurrilen amerikanischen Gesetze, die einen Schwerpunkt dieses Buches bilden, im Original nachlesen möchte, kann sie mittels der Suchmaschine http://www.findlaw.com schnell finden.

Nun wünsche ich Ihnen ein fröhliches Lesevergnügen bei den verrücktesten Gesetzen der Welt. Vermutlich wussten Sie bisher nicht einmal, daß Sie sie brechen.

1. Sitte, Anstand und Benimm

Korrektes Verhalten in der Öffentlichkeit

Denjenigen, die mangels einer guten Kinderstube beispielsweise nicht wussten, dass Fahrstühle keine Toiletten sind, gibt der Gesetzgeber mit zahlreichen Regelungen Nachhilfeunterricht. Dabei hat er es aber nicht belassen, sondern er hat noch einige sehr seltsame Verbote hinzugefügt. Hätten Sie etwa gedacht, dass Sie sich mancherorts nicht mit offenen Schnürsenkeln, einer Pappnase oder einem hässlichen Gesicht in der Öffentlichkeit zeigen dürfen?

Emissionen

In **Italien** und im **mexikanischen Guadalajara** ist es generell verboten, in der Öffentlichkeit zu fluchen.

In **Montreal, Kanada**, hingegen ist es nur nicht erlaubt, auf französisch zu fluchen.

In **Nova Scotia, Kanada**, zieht Furzen während des Rauchens eine Geldstrafe von $100 nach sich.

In **Florida** ist es ungesetzlich, nach 18.00 Uhr an einem öffentlichen Ort einen Darmwind abgehen zu lassen.

In **Texas** hingegen ist lediglich das Abgehenlassen eines Darmwindes in einem Fahrstuhl verboten.

In **England** ist es einem Mann erlaubt, in der Öffentlichkeit zu urinieren, solange er es auf die Hinterräder seines Autos tut und sich seine rechte Hand dabei auf dem Fahrzeug befindet.

In **Singapur** ist es verboten, in den Fahrstuhl zu pinkeln.

Bürger **Montreals** dürfen weder auf die Straße spucken noch dorthin strullen. Auf dieses Verbrechen steht eine Geldstrafe von mindestens $100.

Auch in **Chapel Hill, North Carolina**, ist es ein Vergehen, öffentlich zu urinieren oder Kot auszuscheiden.

Bürger **Indianas** dürfen wenigstens vier Stunden nach dem Verzehr von Knoblauch nicht ins Kino oder Theater gehen und auch nicht mit der Straßenbahn fahren.

In **Norfolk, Virginia**, ist das Bespucken von Seemöwen verboten.

In **Alabama** ist es grundsätzlich nicht erlaubt, in den Wind zu rotzen.

In **Marietta, Georgia**, ist es illegal, aus einem Auto oder Bus zu spucken.

Dagegen ist es in **Windsor, Kanada**, ein Vergehen, im Park ein Musikinstrument zu spielen.

In **Augusta, Maine**, ist das Violinespielen während des Straßenbummels ungesetzlich.

Öffentliches Erscheinungsbild

In **New York** darf im Umkreis von 30 m um den Eingang eines öffentlichen Gebäudes nicht gelächelt werden.

Hingegen darf man sich in **Pocatello, Idaho**, in der Öffentlichkeit nicht ohne ein Lächeln auf dem Gesicht blicken lassen.

In **Deutschland** ist es verboten, mit einer Pappnase, einem falschen Bart oder einem bemalten Gesicht an öffentlichen Versammlungen und Aufzügen teilzunehmen. Ein Verstoß gegen dieses Vermummungsverbot wird mit Freiheitsstrafe bis zu einem Jahr oder mit Geldstrafe geahndet.

In **Alabama** gibt es ein »Anti-Zorro-Gesetz«, das es verbietet, sich maskiert in der Öffentlichkeit zu zeigen.

In **San Francisco** dürfen Personen, die als hässlich eingestuft werden, nicht die Straße entlanggehen.

Die Anti-Häßlichkeitsverordnung von Chicago:
»Keine Person, die erkrankt, gelähmt, verstümmelt oder in irgendeiner Weise derart entstellt ist, dass sie ein hässliches oder abscheuliches Objekt darstellt, oder die untauglich ist, um ihr das Erscheinen auf öffentlichen Wegen oder Plätzen zu gestatten, soll sich in der Öffentlichkeit zeigen, was unter einer Strafe von nicht weniger als einem Dollar und nicht mehr als $50 für jeden Verstoß gestellt ist.« *(aufgehoben 1970)*

In **McLough, Kansas**, ist es untersagt, das künstliche Gebiss in einem öffentlichen Trinkbrunnen zu waschen.

In **Louisiana** stellt das Gurgeln in der Öffentlichkeit ein Vergehen dar.

In **Kanada** ist das Entfernen von Verbänden in der Öffentlichkeit verboten.

In **Culpeper, Virginia**, dürfen Maultiere nicht auf dem Bürgersteig gewaschen werden.

In **Allentown, Pennsylvania** ist es Männern nicht gestattet, in der Öffentlichkeit erregt zu sein.

Währenddessen ist es in **Longmeadow, Massachusetts** nicht erlaubt, dass zwei Männer eine Badewanne durch die öffentlichen Grünanlagen tragen.

Auf **Hawaii** dürfen Sie sich keine Münzen in die Ohren stecken.

In **St. Johns County, Florida**, ist es Personen bei Geldstrafe von bis zu $ 500 oder Gefängnisstrafe von bis zu 60 Tagen verboten, sich nackt in der Öffentlichkeit zu zeigen. Nacktheit liegt vor, wenn die Genitalien, der Schambereich, die weibliche Brust oder der Hintern nicht vollständig bekleidet sind. Damit ein Polizist einen Hintern auch erkennt, wenn er ihn sieht, wird er wie folgt definiert:
Hintern: Der Bereich auf der Rückseite des menschlichen Körpers (auch als gluteus maximus bezeichnet), welcher sich zwischen zwei gedachten geraden Linien befindet, die parallel zum Boden verlaufen, wenn eine Person steht; die erste oder obere Linie verläuft 1,27 cm unterhalb der senkrechten Gesäßspalte (die Fuge zwischen den Erhebungen, die durch die von der Rückseite der Hüfte bis zu den Rückseiten der Beine verlaufenden Muskeln gebildet werden), und die zweite oder untere Linie verläuft 1,27 cm über dem tiefsten Punkt der Krümmung der fleischigen Ausbeulung (auch als die Gesäßfalte bezeichnet), der sich zwischen zwei gedachten geraden Linien befindet, eine auf jeder Seite des Körpers (die »Außenlinien«), wobei die Außenlinien senkrecht zum Boden und den oben

beschriebenen horizontalen Linien verlaufen, und die senkrechten Außenlinien durch die äußersten Punkte, an denen die Gesäßmuskeln auf die Außenseiten jedes Beins treffen, hindurchgehen.
St. Johns County Public Nudity Ordinance, Section 3 c)

Leibliches Wohl

In **St. Louis, Missouri**, dürfen Sie nicht auf der Bordsteinkante sitzen und Bier aus Eimern trinken.

In **Ohio** ist das Stillen in der Öffentlichkeit nicht erlaubt.

Die Bürger von **Riverside, Kalifornien**, dürfen ihr Mittagessen nicht zwischen 11.00 und 13.00 h, die Einwohner von **Las Cruces, New Mexiko**, überhaupt nicht die Straße entlang tragen.

In **Alabama** ist es nicht gestattet, eine Eiskremwaffel in der Hosentasche bei sich zu haben.

Dagegen ist in **Trenton, New Hampshire**, das Wegwerfen von verdorbenen Essiggurken ungesetzlich.

Umgang mit öffentlichem Eigentum

In **Clinton County, Ohio**, wird jede Person, die beim Anlehnen an ein öffentliches Gebäude erwischt wird, einer Geldstrafe unterworfen.

In **Klamath Falls, Oregon**, ist es illegal, den Bürgersteig entlang zu gehen und dabei den Kopf einer Schlange mit dem Spazierstock abzuschlagen.

In **Winnipeg, Kanada**, stellt es ein Vergehen dar, mit einem Metallgegenstand auf den Bürgersteig zu schlagen.

In **Halifax, Kanada**, ist das Holzhacken auf dem Bürgersteig verboten.

In **Meridian, Mississippi**, darf ein Safe nicht auf seinen Rädern die Straße entlanggerollt werden.

Den Bewohnern von **Toronto, Kanada**, ist es nicht erlaubt, auf der Straße Holz zu sägen oder Autos zu waschen, während im kanadischen Kanata lediglich das Reparieren von Autos auf der Straße untersagt ist.

In **Grand Haven, Michigan**, kann schon mit einer Geldstrafe von $5 belegt werden, wer einen sexy Unterrock auf die Straße oder den Bürgersteig wirft.

In **Daytona Beach, Florida**, dürfen Abfalleimer nicht belästigt werden.

Fortbewegung

In **New York City** ist es ein Vergehen, lesend die Straßen entlangzugehen.

In **Greene, New York**, verstößt es gegen das Gesetz, Erdnüsse zu essen und dabei rückwärts auf dem Bürgersteig zu gehen, während ein Konzert läuft.

Auch in **Marion, Ohio**, und in der Innenstadt von Oklahoma City ist es verboten, während des Essens rückwärts zu laufen.

In **Portland, Maine**, müssen beim Gehen auf der Straße die Schnürsenkel zugebunden sein.

In **Texas** bestimmt eine städtische Verordnung, dass eine Person nicht barfuß gehen darf, ohne sich vorher für $5 eine besondere Genehmigung besorgt zu haben.

In **Devon, Connecticut**, ist es generell verboten, nach Sonnenuntergang rückwärts zu gehen.

In **Seattle, Washington**, ist es untersagt, eine versteckte Waffe bei sich zu tragen, die über 1,80 m lang ist.

Im Gegensatz dazu darf man die Straßen von **Salt Lake City, Utah**, nicht mit einer Violine in einer Papiertüte entlang gehen.

2. Der Elefant an der Parkuhr

Verrückte Verkehrsgesetze

Sie wollten schon immer einmal wissen, ob Sie mit verbundenen Augen Auto fahren oder das soeben überfahrene Reh zum Abendessen mit nach Hause nehmen dürfen? In dieser Auswahl seltsamer Verkehrsgesetze erhalten Sie die Antworten.

Allgemeine Verhaltensrichtlinien

In **Massachusetts** dürfen Gorillas nicht auf Autorücksitzen befördert werden.

In **Alabama, USA**, ist es verboten, mit verbundenen Augen Auto zu fahren. Ebenso ist es dort untersagt, die städtischen Straßen mit einem Motorboot zu befahren.

Nach dem Gesetz von **Kentucky** gilt jeder, der getrunken hat, solange als nüchtern, wie er sich aufrecht halten kann.

In **Deutschland** darf eine Fahrerlaubnis nur erteilt werden, wenn der Bewerber seinen ordentlichen Wohnsitz in der Bundesrepublik Deutschland hat. (Also schön aufräumen, bevor der Beamte des Straßenverkehrsamtes zur Wohnungskontrolle kommt!)

»Unnützes Hin- und Herfahren ist innerhalb geschlossener Ortschaften verboten, wenn andere dadurch belästigt werden.«
§ 30 Abs.1 Satz 3 der deutschen **Straßenverkehrsordnung**
(Eine behördliche Nützlichkeitsbeurteilung können Sie vor Fahrtantritt bei jedem Straßenverkehrsamt erhalten. Nur so

können Sie eine Anklage wegen planlosen Spazierenfahrens vermeiden.)

In **Washington** bestimmt das Gesetz zur Kriminalitätsbekämpfung: »Ein Autofahrer mit kriminellen Absichten muss bei seiner Einfahrt in die Stadt anhalten und den Polizeichef anrufen.«

In **Illinois** hingegen müssen Sie die Polizei generell verständigen, bevor Sie mit dem Auto in eine Stadt hineinfahren.

In **Yukon, Oklahoma**, sind Sie verpflichtet zu hupen, wenn Sie ein anderes Auto passieren.

In **Nigeria** ist es strafbar, ein Auto zu fahren, das den gleichen grünen Farbton aufweist wie ein Armeefahrzeug.

In **Tennessee** darf dagegen nicht schlafend Auto gefahren werden.
Auch sollen dort Frauen nur dann Auto fahren, wenn ein Mann, eine rote Fahne schwenkend, vor dem Auto hergeht oder -rennt, um Fußgänger und Autofahrer zu warnen.

In **Dänemark** ist das Fahneschwenken hingegen vorgeschrieben, um Pferdekutschen vor herannahenden Autos zu warnen.

In **Pennsylvania** müssen Autofahrer, die nachts die Landstraße befahren, vorsorglich jede Meile eine Leuchtrakete in die Luft schießen und dann 10 Minuten abwarten, damit die Straße freigemacht werden kann.
Dort ist ein Autofahrer auch verpflichtet, sobald er ein Pferdegespann sieht, an den Fahrbahnrand zu fahren und sein Auto mit einer Decke oder Abdeckplane zuzudecken, deren Farbe

mit der Landschaft verschmilzt. Wenn ein Pferd sich weigert, an einem Auto vorüberzugehen, muss der Autobesitzer sein Auto notfalls sogar auseinandernehmen und die Teile im Gebüsch verstecken.

In **Oklahoma** dürfen weder Taschentücher auf der Rückbank eines Autos zurückgelassen noch Autos allgemein belästigt werden.

In **Dänemark** muss der Autofahrer vor Fahrtbeginn jeweils Beleuchtung, Bremsen, Lenkung und Hupe kontrollieren. Schließlich hat er durch eine Sichtkontrolle sicherzustellen, dass sich unter dem Auto keine Kinder versteckt haben; solange sich jemand unter dem Auto befindet, darf nicht gestartet werden.
Zudem muss dort stets mit Abblendlicht gefahren werden, damit fahrende Autos von geparkten Autos unterschieden werden können. (Die Dänen haben offenbar ein Problem damit, Bewegung wahrzunehmen.)

In der **Schweiz** ist jedes mit Winterreifen ausgestattete Auto mit einem Aufkleber auf seinem Armaturenbrett zu versehen, der den Fahrer daran erinnert, dass er mit diesen Reifen nicht schneller als 160 km/h fahren sollte.

Nach dem Straßenverkehrsrecht von **Beijing, China**, werden Autofahrer verwarnt oder mit einer Geldstrafe von bis zu 5 Yuan belegt, wenn sie an einem Fußgängerüberweg anhalten.

In **New Brunswick, Kanada**, ist das Fahren auf den Straßen ganz pauschal verboten.

In **Ontario, Kanada**, beträgt die Höchstgeschwindigkeit für Autos 80 km/h, wobei Radfahrer grundsätzlich Vorfahrt haben.

Im **kanadischen Montreal** ist es untersagt, das hintere Nummernschild eines Fahrzeugs durch Glas oder Plastik zu schützen.

In **San Francisco** ist es verboten, ein Auto mit benutzter Unterwäsche blank zu putzen.

Parken

Wenn Sie Ihren Elefanten in **Orlando, Florida**, an einer Parkuhr anbinden, müssen Sie für ihn die normale Parkgebühr entrichten.

Demgegenüber dürfen in **Tarentum, Pennsylvania**, nicht einmal Pferde an Parkuhren gebunden werden.

In **Montreal, Kanada**, dürfen Sie Ihr Auto nicht in Ihrer eigenen Einfahrt parken.

In **Minneapolis, Minnesota**, wird jeder, der beim Parken in zweiter Reihe erwischt wird, bei Wasser und Brot zu den angeketteten Sträflingen gesteckt.

Wenn Sie in der **Schweiz** oder in **Australien** Ihren Autoschlüssel unbewacht im unverschlossenen Auto liegen lassen, machen Sie sich strafbar.

In **Montreal, Kanada**, müssen geparkte Autos verschlossen werden, wobei die Fenster maximal eine Handbreit geöffnet bleiben dürfen.

In **Long Beach, Kalifornien**, dürfen nur Autos, nicht hingegen sonstige Gegenstände in Garagen abgestellt werden.

Busse / Taxis

In **Seattle, Washington**, blüht Frauen, die in Bussen oder Zügen auf dem Schoß eines Mannes sitzen, ohne ein Kissen unterzulegen, eine zwölfmonatige Gefängnisstrafe.
Dort ist auch der Transport von Goldfischgläsern und Aquarien in den Stadtbussen nicht erlaubt, weil das schwappende Geräusch des Wassers andere Passagiere stören könnte.

Demgegenüber sind **australische** und **Londoner** Taxifahrer sogar gesetzlich verpflichtet, Heuballen und Hafersäcke im Kofferraum zu befördern.

Eisenbahn

In **Texas** müssen zwei Züge, die sich an einer Eisenbahnkreuzung begegnen, anhalten und stehenbleiben, bis der jeweils andere vorübergefahren ist.

In **Minnesota** ist es verboten, sich vor einen fahrenden Zug zu stellen.

Währenddessen ist es in **West Virginia** bereits illegal, in einem Zug ein Nickerchen zu halten.

In der U-Bahn von **Singapur** ist es dagegen bei Androhung von Geldstrafe verboten, Kaugummi zu kauen. Dasselbe gilt natürlich auch für den Verkauf von Kaugummi.

In **Alabama** kann, wer Salz auf Eisenbahnschienen streut, sogar mit dem Tode bestraft werden.

Flugzeuge

Das Gesetz von **Maine** verbietet Passagieren das Verlassen des Flugzeugs während des Fluges.

In **Kanada** hingegen ist das Besteigen eines Flugzeuges während des Fluges verboten.

In **Delaware** darf nur derjenige Wasserflächen überfliegen, der ausreichende Lebensmittel- und Wasservorräte an Bord seines Flugzeugs hat.

Radfahrer

Die Polizei von **Connecticut** ist nicht befugt, Radfahrer mit einer Geschwindigkeit von über 65 mph (=105 km/h) anzuhalten.

In **Israel** war es bis vor einiger Zeit gesetzwidrig, ohne Führerschein Fahrrad zu fahren.

In **Edmonton, Kanada**, müssen Radfahrer Ihre Absicht, abzubiegen, mit dem Arm signalisieren, ohne dabei jedoch die Hände vom Lenker zu nehmen.

Im **kalifornischen Baldwin Park** ist das Radfahren in Schwimmbecken nicht gestattet.

Fußgänger

In **Connecticut** dürfen Fußgänger die Straße nicht im Handstand überqueren.

In **Deutschland** darf auf Brücken nicht im Gleichschritt marschiert werden, da diese sonst in Schwingung geraten und einstürzen könnten.

In **Boston, Massachusetts**, haben Fußgänger immer Vorrang.

In **Singapur** darf eine Straße nicht in einer Entfernung von weniger als 50 m zu einem Fußgängerüberweg überquert werden.

In **Kentucky** darf eine Frau mit einem Gewicht zwischen 40 kg und 90 kg eine Autobahn nur dann in einem Badeanzug betreten, wenn sie dabei von mindestens zwei Polizisten begleitet wird oder mit einem Knüppel bewaffnet ist.

Tiere

In **Wilbur, Washington**, dürfen Sie kein hässliches Pferd durch die Straßen reiten.

In **West Virginia** dürfen Sie totgefahrene Tiere in Ihren Kofferraum packen und mit nach Hause zum Abendessen nehmen. (Diese »Road Kill Bill« stillt nicht nur den Hunger abenteuerlustiger Fahrer nach kostenlosem Fleisch, sondern senkt auch die staatlichen Straßenreinigungskosten. Gerüchten zufolge sollen seit dem Inkrafttreten des Gesetzes im Jahre 1998 sowohl der Verkauf von Geländewagen mit Rammschutz als auch die Zahl tödlicher Wildunfälle dramatisch zugenommen haben.)

Auf den Straßen **Utahs** haben Vögel grundsätzlich Vorfahrt, während dies in Arcadia, Kalifornien, nur für Pfauen gilt.

In **Quitman, Georgia**, hingegen ist Hühnern das Überqueren der Straße ausdrücklich verboten.

3. Verbrechen, Verbrecher und Polizisten

Absurdes aus Strafgesetzbüchern

Der durchschnittliche Leser wird in seinem Leben maximal ein paar Verkehrsstraftaten, zwei Ladendiebstähle und einen Schwiegermuttermord begehen. Wie langweilig! Den Strafgesetzbüchern der Welt hingegen lassen sich Anregungen für wirklich originelle Straftaten entnehmen. Versuchen Sie es doch einmal mit Majestätsbeleidigung, Schneemannmord oder dem Auslösen einer Atomexplosion.

Allgemeines

In **Natoma, Kansas**, ist es verboten, Männer in gestreiften Anzügen mit Messern zu bewerfen.

In **Louisiana** verstösst es gegen das Gesetz, eine Bank auszurauben und anschliessend den Kassierer mit einer Wasserpistole zu bespritzen.

In **Kansas** ist es Hühnerdieben untersagt, am Tage zu arbeiten.

Wenn Sie in **Louisiana** jemanden mit Ihren natürlichen Zähnen beißen ist das ein »einfacher Angriff«, während das Beißen mit künstlichen Zähnen einen »schweren Angriff« darstellt.

In **Michigan** darf ein Räuber, der beim Einbruch in Ihr Haus verletzt wird, Sie verklagen.

Bürger **Wisconsins** dürfen ihre Feinde nicht ermorden.

In **Washington** ist es ein Verbrechen vorzugeben, die eigenen Eltern seien reich.

Wenn sich in **South Dakota** mehr als fünf **Indianer** auf Ihrem Grundstück befinden, dürfen Sie sie erschießen.
Dort sind Sie auch berechtigt, eine Gruppe von mehr als zwei Indianern, die eine Straße entlanggeht, als Kriegspartei anzusehen und deshalb auf sie zu schiessen.

In **Temple**, **Texas**, ist es nach wie vor erlaubt, Viehdiebe auf der Stelle zu hängen.

Auf **Kuba** wird eine sogenannte »gefährliche Person«, auch ohne ein Gesetz verletzt zu haben, als Verbrecher betrachtet. Dabei definiert das kubanische Recht »Gefährlichkeit« als »besondere Neigung, Verbrechen zu begehen, die sich in einem Verhalten zeigt, das in offenkundigem Widerspruch zu den Normen sozialistischer Moral steht«.

In **Marokko** kann jeder, der eine Person begleitet, die sich im Besitz illegaler Drogen befindet, gleichfalls wegen illegalen Drogenbesitzes vor Gericht gestellt werden. Auf die Kenntnis vom Drogenbesitz des anderen kommt es dabei nicht an.

Wer in **Columbus**, **Mississippi**, in der Öffentlichkeit eine Waffe schwenkt, wird mit einer höheren Geldstrafe belegt als derjenige, der eine Waffe tatsächlich abfeuert.

In **Montana** ist eine Frau, die die Post ihres Ehemannes öffnet, eine Kapitalverbrecherin.

In **New York** ist es ein Verbrechen, irgendetwas Ungesetzliches zu tun.
Dort ist es sogar verboten, einen Toten wegen seiner Schulden zu verhaften.

In **South Carolina** ist es verboten, sich tätowieren zu lassen.

In **Mole**, **Missouri**, ist das Erschrecken eines Babys strafbar.

In **Chester**, **England**, ist es traditionell gestattet, einen **Waliser** mit Pfeil und Bogen zu beschiessen, sofern dies innerhalb der Stadtmauern und nach Mitternacht geschieht.

In **Holland** ist es halb legal, Haschisch zu rauchen.

In **Italien** gilt es als Verbrechen, jemandem einen Faustschlag zu versetzen.

Wer in **Singapur** dreimal wegen des Wegwerfens von Abfall verurteilt wird, muss sonntags die Straßen reinigen, wobei er ein Schild mit der Aufschrift »Ich bin ein Schmutzfink« zu tragen hat. Diese Bestrafung wird dann in den örtlichen Nachrichten gesendet.

Währenddessen wird in **Thailand** eine Geldstrafe von 600 Dollar, ersatzweise Freiheitsstrafe, fällig, wenn Sie einen Kaugummi auf den Bürgersteig werfen.
Dort ist es auch strafbar, die nationale Währung mit Füssen zu treten.

In **Britisch Columbia**, **Kanada**, wird das Töten eines Schneemanns als Vergehen betrachtet.

In dem Bestreben, die Gesetzesflut einzudämmen, haben die Bewohner von **Brooksville**, **Alabama**, sich dafür ausgesprochen, von keinem anderen Gesetz als den Zehn Geboten regiert zu werden.

In **Berkeley, Kalifornien**, ist es strafbar, vor 7.00 Uhr nach einem entflogenen Kanarienvogel zu pfeifen.

In **Chico, Kalifornien**, ist demgegenüber das Zünden nuklearer Sprengsätze innerhalb der Stadtgrenzen mit einer Geldstrafe von $500 belegt.

In **North Dakota** sind Sie berechtigt, einen Beschuldigten, der sich weigert, Sie zur Polizeiwache zu begleiten, zu erschießen.

In einer Region **Hollands** ist es ein Verbrechen, die Dämme eines Flusses zu durchbrechen, obwohl es in diesem Gebiet gar keine Flüsse gibt.

In **Oshawa, Kanada**, stellt sogar das Klettern auf Bäume ein Verbrechen dar.

In **Deutschland** ist Majestätsbeleidigung nach wie vor strafbar: Auf die Verunglimpfung des Bundespräsidenten steht nach § 90 des Strafgesetzbuches Freiheitsstrafe von drei Monaten bis zu fünf Jahren.

In **Portugal** sind Strafen nicht übertragbar.

Polizei

In **New Jersey** ist es verboten, einen Polizeibeamten stirnrunzelnd anzusehen.

In **Antibes, Frankreich** ist es nicht gestattet, Polizisten oder Polizeifahrzeuge zu fotografieren, selbst wenn sie sich nur im Bildhintergrund befinden.

In **Süd-Korea** müssen Verkehrspolizisten alle Bestechungen durch Autofahrer sofort melden.

In **Frankfort, Kentucky** ist es verboten, auf die Krawatte eines Polizeibeamten zu schießen.

In **Paulding, Ohio**, darf ein Polizeibeamter einen Hund beißen, um ihn zur Räson zu bringen.

Justiz

In **Nogales, Arizona**, ist es untersagt, die Stufen des Bezirksgerichts auf einem Pferd hinaufzureiten.

In **Los Angeles** darf im Zeugenstand nicht geweint werden.

Geklonte Richter in Italien?
»Die Richter unterscheiden sich nur durch die Verschiedenartigkeit ihrer Aufgabenbereiche voneinander.«
Art.107 Abs.2 Satz 2 der Verfassung der Republik ***Italien***

In **Canton, Mississippi**, ist es ein Verbrechen, im Gerichtssaal ein Eichhörnchen mit einer Pistole zu töten.

In **Schottland** gilt ein mutmasslicher Täter bestimmter Vergehen bis zum Beweis seiner Unschuld als schuldig.

Gefängnis

In **Charleston, South Carolina**, kann einem Häftling für seine Reise zum Gefängnis ein Dollar in Rechnung gestellt werden.

Im humanen **Dänemark** stellt ein Ausbruchsversuch aus dem Gefängnis kein Verbrechen dar; allerdings muss der Ausbrecher, wenn er gefasst wird, auch dort den Rest seiner Strafe absitzen.

Nach dem Gesetz von **Alberta**, **Kanada**, muss ein Strafgefangener bei seiner Haftentlassung mit einer geladenen Pistole und einem Pferd versorgt werden, damit er sicher aus der Stadt reiten kann.

Selbstmord

In **England** wurde Selbstmord lange als Kapitalverbrechen angesehen. Bis zum Ende des 19.Jahrhunderts wurde der erfolglose Selbstmordversuch mit dem Tod durch Erhängen bestraft.

In **New York** ist es bei Androhung der Todesstrafe verboten, von einem Gebäude zu springen. Bislang konnte allerdings noch kein Selbstmörder nach seinem Sprung aus dem 102. Stockwerk des Empire State Building lebend verhaftet werden.

In **South Carolina** ist es ein Kapitalverbrechen, im Rahmen eines Selbstmordversuchs versehentlich jemand anderen zu töten.

4. Unrasierte Weiber und Kinder mit ausgefallenen Haarschnitten

Anti-Frauengesetze und seltsame Jugendvorschriften

Die folgenden leicht diskriminierenden Frauengesetze werden das Herz eines jeden Machos höher schlagen lassen. Zum Trost der Leserinnen sei gesagt, dass es sich dabei entweder um veraltete Gesetze oder um solche aus rückständigen Ländern handelt.
Der junge Leser darf sich auf Vorschriften über den Erwerb von Schrotflinten, über Schneeballschlachten und ungewöhnliche Haarschnitte freuen.

Frauen

In **Michigan** gehören die Haare einer Frau ihrem Ehemann. Die Frauen dürfen sich deshalb ihre Haare nicht ohne Erlaubnis ihres Ehemanns schneiden lassen.

In **Vermont** hingegen benötigen Frauen das schriftliche Einverständnis ihres Ehemannes, um falsche Zähne tragen zu dürfen.

In **New Mexiko** dürfen Frauen nicht unrasiert in der Öffentlichkeit erscheinen.

In **England** ist es Frauen verboten, Schokolade in öffentlichen Verkehrsmitteln oder Pasteten am 25. Dezember zu essen.

In **Saudi Arabien** stellt es ein Vergehen dar, wenn eine Frau in der Öffentlichkeit ohne Begleitung eines männlichen Verwandten oder Leibwächters erscheint.
Autofahren ist Frauen dort überhaupt nicht gestattet.

Ebenso dürfen Frauen dort nicht von männlichen Ärzten untersucht werden. Da es den Frauen in **Saudi Arabien** jedoch auch verwehrt ist, Ärztin zu werden, sollten Sie dort als Frau besser nicht krank werden.

In **Maricopa County**, **Arizona**, dürfen nicht mehr als sechs Frauen in einem Haus leben. Die dortige Gesetzgebung geht davon aus, dass es sich anderenfalls um ein Bordell handeln muss. Aus dem gleichen Grund dürfen in **Pennsylvania** nicht mehr als 16 Frauen zusammenleben. Hingegen ist das Zusammenleben von bis zu 120 Männern dort völlig legal.

In **Joliet**, **Illinois**, kann eine Frau verhaftet werden, wenn sie mehr als sechs Kleider in einem Geschäft anprobiert.

In **Owensboro**, **Kentucky**, begeht eine Frau, die ohne Einverständnis ihres Ehemannes einen Hut kauft, ein Verbrechen.

In **Oxford**, **Ohio**, verstößt eine Frau, die ihre Kleidung auszieht, während sie vor dem Bild eines Mannes steht, gegen das Gesetz.

In **Morrisville**, **Pennsylvania**, benötigen Frauen zum Verwenden von Kosmetik eine Genehmigung.

Kinder, Küche und Kirche:

»Der Staat anerkennt insbesondere, dass die Frau dem Staat durch ihr Leben in der häuslichen Gemeinschaft eine Stütze verleiht, ohne die das allgemeine Wohl nicht erlangt werden kann.«
*Art.41 Abs.2 Nr.1 der Verfassung der Republik **Irland***

Kinder

Mit 18 Jahren können Sie in **Deutschland** Bundeskanzler werden, wohingegen Sie strafrechtlich erst ab 21 Jahren als erwachsen gelten. (Bis zum Alter von 21 Jahren sind Sie nach dem Jugendgerichtsgesetz bloß ein reifeverzögerter Heranwachsender, der typische Jugendverfehlungen begeht. Selbst ein von Ihnen befohlener Angriffskrieg gegen **Dänemark** würde bis dahin noch nach Jugendstrafrecht geahndet.)

Nach der neuen Gesetzgebung in **Tennessee** brauchen Kinder zum Piercen ihres Bauchnabels jetzt die elterliche Zustimmung.

Englischen Jungen unter 10 Jahren ist es verboten, eine unbekleidete Schaufensterpuppe zu sehen.

In **Australien** dürfen Kinder Zigaretten zwar nicht kaufen, aber durchaus rauchen.

In **Kalifornien** hat niemand das Recht, ein Kind am Überspringen von Pfützen zu hindern.

In **Kansas City**, **Missouri**, ist es Minderjährigen nicht erlaubt, eine Spielzeugpistole zum Verschießen von Zündplättchen zu kaufen, wohingegen sie Schrotflinten frei erwerben dürfen. Ebenso können sie dort Zigarettenpapier und Tabak, nicht aber ein Feuerzeug erstehen.

In **South Dakota** können Teenager, die beim Rauchen erwischt werden, für jede angezündete Zigarette mit einer Geldstrafe belegt werden.

In **Mesquite**, **Texas**, ist es Kindern untersagt, ungewöhnliche Haarschnitte zu haben.

In **West Virginia** dürfen Kinder, deren Atem nach wildwachsenden Zwiebeln riecht, nicht die Schule besuchen.

In **Fort Qu'Appelle**, **Kanada**, ist es Teenagern verboten, mit offenen Schnürsenkeln die Hauptstraße entlangzugehen.

In **Provo**, **Utah**, wird das Werfen von Schneebällen mit einer Geldstrafe von $50 geahndet.

In **Washington** sind alle Lutscher verboten.

In **Portland**, **Maine**, ist es verboten, ein Mädchen mit einem Staubwedel unter dem Kinn zu kitzeln.

Modellbau ohne Kleber:
»Keine Person soll an irgendeine Person unter dem Alter von einundzwanzig (21) Jahren Modellbauflugzeugkleber verkaufen oder sonst liefern oder dessen Verkauf oder Lieferung veranlassen.«
Providence, Rhode Island, *Code of Ordinance, Sec.16-9.a)*

5. Das Badezimmer und andere Feuchtgebiete

Merkwürdige Körperpflege-, Toiletten- und Badegesetze

Sie denken wahrscheinlich, dass Körperpflege und Toilettenbenutzung zu den höchstpersönlichen Dingen des Lebens gehören, in die sich der Gesetzgeber nicht einzumischen hat. Weit gefehlt! Wollten Sie sich schon einmal die Haare selbst machen? Oder an einem Mittwoch nackt duschen? Oder in den Mund Ihres Nachbarn pinkeln? Wenn Sie irgendeine dieser Fragen bejaht haben, sollten Sie sich schon mal einen Anwalt nehmen …

Friseur

In **Wisconsin** ist es ein Vergehen, einer Frau die Haare zu schneiden.

In **Waterloo**, **Nebraska**, dürfen Friseure zwischen 7.00 Uhr und 19.00 Uhr keine Zwiebeln essen.

Dort darf auch eine Mutter ihrer Tochter nur mit staatlicher Genehmigung eine Dauerwelle machen.

In **Oklahoma** ist es Frauen sogar verboten, sich die Haare ohne behördliche Genehmigung selbst zu machen.

In **Florida** können, wenn eine Frau unter der Trockenhaube einschläft, sowohl sie als auch der Friseur mit einer Geldstrafe belegt werden.

In **Lidenhurst, New York**, darf eine Frau einem Mann keine Dauerwelle machen.

In **Tylertown**, **Mississippi**, ist das Rasieren mitten auf der Main Street untersagt.

Baden

Die Einwohner von **Cheyenne**, **Wyoming**, dürfen mittwochs nicht duschen.

In **Massachusetts** ist es verboten, ungebadet zu Bett zu gehen. Dabei ist es jedoch zugleich gesetzwidrig, ein Bad ohne Verordnung des Arztes zu nehmen.

Den Bürgern von **Pennsylvania** ist das Singen in der Badewanne nicht gestattet.

Während es in **Etobicoke**, **Kanada**, ein Vergehen bedeutet, eine Badewanne mit mehr als 8,9 cm Wasser zu füllen, ist in **Indiana** das Baden im Winter ganz verboten.

Die Einwohner **Kentuckys** sind verpflichtet, mindestens einmal im Jahr ein Bad zu nehmen.

In **Los Angeles** dürfen zwei Babys nicht gleichzeitig in derselben Badewanne baden.

In **Florida** ist es bereits ein Vergehen, nackt zu duschen.

Schwimmen

Die Bürger von **Klamath Falls**, **Oregon**, dürfen unter Wasser nicht pfeifen.

In **Ocean City**, **Maryland**, ist es hingegen untersagt, während des Schwimmens im Ozean zu essen.

Frauen, die in **Brighton Beach**, **Australien**, schwimmen wollen, müssen einen Badeanzug tragen, der vom Nacken bis zu den Knien reicht. Freizügigere Schwimmbekleidung ist dort ungesetzlich.

In **Rochester**, **Minnesota**, müssen alle Badeanzüge durch den Polizeichef inspiziert werden.

In **China** ist es verboten, einen Menschen vor dem Ertrinken zu retten, da dies einen Eingriff in sein Schicksal bedeutet.

In **Florida** ist es strafbar, im Badeanzug in der Öffentlichkeit zu singen.

Toiletten

In den öffentlichen Toiletten von **Klamath Falls**, **Oregon**, dürfen keine Roller-Skates getragen werden.

Wenn in **Schottland** jemand an Ihre Tür klopft und die Benutzung Ihrer Toilette begehrt, sind Sie gesetzlich verpflichtet, ihm Zutritt zu gewähren.

Ein **Schweizer** Gesetz verbietet es Männern, sich nach 22.00 Uhr im Stehen zu erleichtern. Auch darf zu diesem Zeitpunkt die Toilettenspülung in Wohnungen nicht mehr betätigt werden.

In **Singapur** sind die Benutzer öffentlicher Toiletten verpflichtet, abschließend zu spülen. Anderenfalls droht eine Geldstrafe von 200 bis 1.000 Singapur-Dollar.

In **Illinois** ist es nicht gestattet, in den Mund des Nachbarn zu pinkeln. (Wenn Sie das jetzt sowieso abwegig finden, kennen Sie »Golden Showers« noch nicht.)

Gesetz- und Verordnungsblatt für das Land Sachsen-Anhalt

4. Jahrgang, Ausgegeben in **Magdeburg**
am 01. April 1993, Nummer 15
Benutzungsordnung für Aborte (BoA)

§ 1 Definition: Der Abort, umgangssprachlich auch Toilette genannt, besteht aus einem trichterförmigen Porzellanbecken zur Aufnahme der Exkremente mit einem klappbaren, auf dem Sitzrand angebrachten Sitzstück.

§ 2 Anwendungsbereich: Diese Benutzungsordnung gilt für die Darmentleerung in allen Aborten in Behörden, Dienststellen und öffentlichen Gebäuden des Landes Sachsen-Anhalt.

§ 3 Sitzgebot: Die Toilette darf nur im Sitzen benutzt werden. Die stehende Benutzung ist nur an Urinalen erlaubt. Deren Benutzung ist in der Benutzungsordnung für Urinale (BoU) geregelt.

§ 4 Vorbereitungen: Vor dem Hinsetzen auf das Sitzstück sind die Beinkleider bis zu den Knien herunterzuschieben.

§ 5 Sitzposition: Der Benutzer setzt sich unter gleichzeitigem Anheben der Oberbekleidungsstücke so tief in die Hocke, bis das Gesäß in die Sitzaufnahme einrastet. Das Gewicht des Körpers ist gleichmäßig gleichseitig verteilt, der Oberkörper leicht nach vorn geneigt. Die Ellenbogen ruhen auf dem Muskelfleisch der Oberschenkel, der Blick ist frei geradeaus gerichtet.

§ 6 Darmentleerung: Unter ruhigem Ein- und Ausatmen drängt der Benutzer unter gleichmäßigem Anspannen der Bauchmuskulatur den ausscheidungsreifen Inhalt des Mastdarms bei gleichzeitigem Entspannen des Afterschließmuskels in den dafür vorgesehenen Durchbruch des Porzellanbeckens. Die Äußerung von gutturalen Stimmlauten, umgangssprachlich auch als Ächzen oder Stöhnen bezeichnet, ist auf das absolut notwendige Maß zu beschränken.

§ 7 Sichtkontrolle: Nach beendeter Prozedur steht der Benutzer auf, macht eine Drehung um 180 Grad nach links und nimmt eine Sichtkontrolle der Exkremente vor. Bei Auffälligkeiten ist eine Stuhlprobe sicherzustellen und an das nächstliegende Gesundheitsamt zu übersenden.

§ 8 Reinigung des Rektums: Der dafür vorgesehenen Vorrichtung sind Reinigungsfähnchen (14x10 cm, einlagig) in ausreichender Stückzahl, höchstens jedoch fünf, zu entnehmen. Das Reinigungsfähnchen wird mit dem Daumen und Zeigefinger der rechten Hand erfasst und von hinten der Reinigungszone, das ist der Bereich zwischen den Gesäßbacken, zugeführt. Das Reinigungsfähnchen wird unmittelbar vor den äußeren Geschlechtsorganen fest an den Körper gedrückt und mit einer ziehenden Bewegung bis unmittelbar vor das Steißbein geführt. Dieser Vorgang wird solange wiederholt, bis mindestens ein Blatt sauber erscheint, sofern dazu nicht die Verwendung von mehr als fünf Reinigungsfähnchen erforderlich ist. Im Bedarfsfall sind die Reinigungsfähnchen beidseitig zu benutzen. Die benutzten Reinigungsfähnchen dürfen nicht mitgenommen werden, sondern sind ebenfalls in das Porzellanbecken zu entsorgen.

§ 9 Reinigung des Aborts: Nach Benutzung des Aborts ist zwingend die Spülung zu betätigen. Eine Delegierung dieser Tätigkeit an andere ist ausdrücklich verboten. Nach dem Spülvorgang verbleibende Exkrementanhaftungen sind mit der dafür vorgesehenen Reinigungsbürste manuell zu entfernen.

§ 10 Verlassen des Aborts: Vor dem Verlassen der Entleerungskabine sind die Beinkleider wieder in die Ausgangsposition zu bringen. Bei Auftreten unangenehmer Gerüche ist das Öffnen einer Lüftungsklappe angezeigt. Eine abschließende Reinigung der Handinnenflächen wird anheimgestellt.

§ 11 Inkrafttreten: Diese Benutzungsordnung tritt am Tage nach ihrer Veröffentlichung in Kraft.

6. Die richtige Garderobe erspart das Gefängnis

Kuriose Kleidungsvorschriften

Mit unpassender Kleidung fallen Sie nicht nur unangenehm auf, sondern Sie könnten auch streng bestraft werden. Denn bereits alltägliche Kleidungsstücke wie Stöckelschuhe und Hosenträger können Sie ohne weiteres ins Gefängnis befördern.

In **Carmel, New York**, darf ein Mann nicht mit einer Kombination, die nicht zusammenpasst, auf die Straße gehen.

In **Providence, Rhode Island**, verstösst das Tragen transparenter Kleidung gegen das Gesetz.

Das Gesetz von **Ironton, Ohio**, verbietet »Cross-dressing«, das heißt das Tragen von Kleidung des anderen Geschlechts.

In **Italien** kann ein Mann verhaftet werden, wenn er einen Rock trägt.

Wenn Sie in **Ada, Oklahoma**, Kleidung der Football-Mannschaft »New York Jets« tragen, landen Sie voraussichtlich in der örtlichen Strafvollzugsanstalt.

In **Connellsville, Penssylvania**, dürfen Hosen niemals so tief auf der Hüfte getragen werden, dass die Unterwäsche zu sehen ist.

In **St. Croix, Wisconsin**, ist es Frauen untersagt, in der Öffentlichkeit irgendein rotes Kleidungsstück zu tragen.

In **Guadelajara, Mexiko**, dürfen Frauen, die für die Stadtverwaltung arbeiten, während ihrer Dienstzeit keine Miniröcke oder andere aufreizende Kleidungsstücke tragen.

In **Thailand** ist es verboten, das Haus ohne Unterwäsche zu verlassen. Zudem ist dort während des Autofahrens grundsätzlich ein Hemd zu tragen.

In **Nogales**, **Arizona**, verbietet eine Verordnung das Tragen von Hosenträgern.

In **Tucson**, **Arizona**, dürfen Frauen keine Hosen tragen.

In **Kalifornien** dürfen Frauen nicht im Morgenmantel Auto fahren. (Wenn Sie dagegen einen Jogginganzug Grösse XXL, Marke »Wurstpelle« tragen, ist dem amerikanischen Modeempfinden hinreichend Genüge getan.)

Um in **Blythe**, **Kalifornien**, Cowboystiefel tragen zu dürfen, müssen Sie mindestens zwei Kühe besitzen. (Halten Sie sich in dieser Stadt besser von Frauen mit Schlangenlederstiefeln fern!)

In **Carmel**, **Kalifornien**, dürfen Frauen keine hohen Absätze tragen.

Dagegen ist es in **Florida** lediglich Männern untersagt, sich in der Öffentlichkeit in trägerlosen Kleidern sehen zu lassen.

In **Excelsior Springs**, **Missouri**, ist Frauen das Tragen von Korsetts verboten, weil »das Privileg, den kurvenreichen, durch nichts eingeengten Körper einer jungen Frau bewundern zu dürfen, dem normalen, vitalen amerikanischen Mann nicht verweigert werden sollte«.

In **Norfolk**, **Virginia**, darf eine Frau hingegen nicht ohne ein Korsett ausgehen.

In **New York** ist es Frauen nicht erlaubt, figurbetonte Kleidung zu tragen, während sie sich andererseits durchaus »oben ohne« in der Öffentlichkeit bewegen dürfen, sofern dies nicht geschäftlichen Zwecken dient.

In **Charlotte**, **North Carolina**, müssen Frauen ihren Körper jederzeit mit mindestens 16 yard (= 14,63 Meter) Stoff bedecken.

In **Cleveland**, **Ohio**, ist Frauen das Tragen von Lackschuhen verboten, sofern Männer darauf Reflektionen der Unterwäsche erblicken könnten.

Ein alte Verordnung von **Massachusetts** erklärt Spitzbärte, für die nicht eine besondere Lizenzgebühr entrichtet wurde, für illegal.

7. Todesstrafe fürs Küssen

Skurriles vom Flirten bis zur Ehe

Der allein glückseligmachende Hafen der Ehe ist in den Untiefen sonderbarer Gesetze bisweilen schwer zu erreichen. Bereits das Flirten ist mancherorts verboten. Beim Küssen kann man dann viele weitere Gesetze verletzen, zum Beispiel die zulässige Höchstdauer von Küssen überschreiten. Für die Hochzeit selbst gibt es zahlreiche Details zu beachten. Wenn Sie sich eine Hochzeitzeremonie auf einer Rollschuhbahn vorgestellt haben, bei der Kanonen abgefeuert und Schuhe auf das Brautpaar geworfen werden, sollten Sie dieses Kapitel besonders aufmerksam lesen.

Anti-Flirt-Gesetze

Wer in den Straßen von **Little Rock**, **Arkansas**, flirtet, sieht einer dreißigtägigen Gefängnisstrafe entgegen.

Innerhalb der Stadtgrenzen von **Ottumwa**, **Iowa**, ist es Männern verboten, unbekannten weiblichen Personen zuzuzwinkern.

In **New York** kann ein Flirt eine Geldstrafe von $25 nach sich ziehen. Dieses alte Gesetz verbietet es Männern ausdrücklich, »Frauen auf diese Art anzusehen«.

In **Dyersburg**, **Tennessee**, ist es einer Frau untersagt, einen Mann zu einem Rendezvous aufzufordern.

In **Idaho** verstösst ein Mann, der seiner Liebsten eine Kiste mit Süßigkeiten überreicht, die weniger als 22,7 kg wiegt, gegen das Gesetz.

In **Illinois** haben männliche Akademiker einen Anspruch darauf, von ihren Kolleginnen mit »Meister« statt mit »Herr« angesprochen zu werden.

In **Wichita, Kansas**, dürfen Väter die Freunde ihrer Töchter nicht mit einem Gewehr erschrecken.

Kussgesetze

In **Boston, Massachusetts**, ist es nicht gestattet, sich vor einer Kirche zu küssen.

In **Griechenland** kann ein Mann, der eine Frau in der Öffentlichkeit küsst, mit dem Tode bestraft werden.

In **Saudi Arabien** ist es strafbar, einen Fremden zu küssen.

In **Logan County, Colorado**, darf ein Mann eine Frau nicht küssen, während sie schläft, während es Männern in **Hartford, Connecticut** untersagt ist, ihre Frauen sonntags zu küssen.

In **Iowa** dürfen Küsse maximal fünf Minuten dauern.

Ebenfalls dort ist, wie auch in **Eureka, Illinois**, Männern mit Schnurrbart das Küssen in der Öffentlichkeit verboten.

In **Indiana** ist es Männern, die regelmässig andere Menschen küssen, von vornherein nicht erlaubt, sich Schnurrbärte wachsen zu lassen.

In **Wisconsin** und in **Frankreich** ist das Küssen in der Eisenbahn untersagt.

Heirat

Wenn Sie in **Deutschland** bei der Heirat bewusstlos oder geistesgestört sind, ist Ihre Ehe zwar grundsätzlich nichtig. Wenn sie jedoch später zu sich kommen und durch Geschlechtsverkehr zu erkennen geben, dass Sie die Ehe fortsetzen möchten, wird Ihre Ehe aber als von Anfang an gültig angesehen.

In **Deutschland** kann der Ehegatte die Aufhebung der Ehe in folgenden Fällen verlangen:
a) Er hat nicht gewusst, dass es sich um eine echte Eheschließung handelt
(»Ich dachte, es sei eine Aufzeichnung für Verstehen Sie Spaß«)
b) Er hat sich in der Person des anderen Ehegatten geirrt.
(Personenverwechselungen kommen insbesondere bei angetrunkenen Verlobten immer wieder vor.)
c) Er hat sich über die persönlichen Eigenschaften des anderen Ehegatten geirrt
(Sie: »Ich dachte, er wäre Millionär«; Er: »Ich dachte, sie wäre gut im Bett«.)

Nach dem Bundesgesetz von **North Carolina** ist ein unverheiratetes Paar, das sich in einem Hotel oder Motel als verheiratet ausgibt, rechtmässig verheiratet.

Bei einer Hochzeit in **Pennsylvania** sollen keine Pistolen, Kanonen, Revolver oder andere Explosivwaffen abgefeuert werden.

In **Tennessee** sind Jugendliche grundsätzlich mit 16 Jahren ehemündig. Wenn ein Mädchen jedoch Jungfrau ist, darf es schon mit 12 Jahren heiraten.

In **West Virginia** kann ein Mann seine Cousine nur heiraten, wenn sie unter 55 Jahre alt ist.

In **China** ist maximal ein Kind pro Haushalt erlaubt. Wenn ein zweites Kind geboren wird, kann dies mit einer Geldstrafe geahndet werden.

In **Japan** sind Kinderhochzeiten möglich, denn es gibt dort keine gesetzlich geregelte Ehemündigkeit.

In **Colorado** dürfen Sie während einer Hochzeit nicht mit Schuhen nach den Brautleuten werfen.

In **Lewes**, **Delaware**, ist ein Ehepaar, das wegen einer Mutprobe geheiratet hat, zur Annullierung der Ehe berechtigt.

Nach dem Gesetz von **Oblong**, **Illinois**, ist es strafbar, sich am Hochzeitstag während des Jagens und Fischens zu lieben.

In **Kentucky** darf eine Frau denselben Mann nicht mehr als viermal wiederheiraten.

In **Portland**, Maine, durfte die Hochzeitszeremonie bis 1989 nicht auf einer Eis- bzw. Rollschuhbahn ausgeführt werden.

Ehe

Bis zum 17. Jahrhundert war es einem Mann in **London** verboten, seine Frau nach 21.00 Uhr zu schlagen.

Nach dem Gesetz von **Los Angeles** ist ein Mann berechtigt, seine Frau mit einem Ledergürtel oder Riemen zu schlagen. Der Gürtel darf aber nicht breiter als 5 cm sein, sofern die Frau der Verwendung eines breiteren Riemens nicht zugestimmt hat.

In **Iowa** darf ein Mann nicht mehr als drei Schluck Bier zu sich nehmen, während er mit einer Frau im Bett liegt oder eine Frau in seinen Armen hält.

8. Kein Sex mit Stachelschweinen

Verrückte Sexgesetze

Sex kann glücklich machen, sehr sogar. Allgemein wird Sex als höchst privater Vorgang betrachtet, der in der Sphäre abgedunkelter Schlafzimmer stattfindet. Trotzdem haben die Gesetzgeber der Welt auch diesen Lebensbereich mit einer Vielzahl sonderbarer Vorschriften überzogen. Es gibt in dieser Hinsicht eine erhebliche Anzahl noch geltender Gesetze, die im Falle Ihres Vollzuges einen Großteil der Bevölkerung ins Gefängnis bringen könnten.

Bis 1998 konnte in **Deutschland** eine »unbescholtene Verlobte«, die angesichts des Eheversprechens ihre Jungfräulichkeit verlor, im Falle der Trennung ein sogenanntes Kranzgeld einklagen. Begründet wurde dies mit den erheblich verringerten Heiratsaussichten der Frau infolge ihrer Entjungferung.

In **Massachusetts** darf eine Frau bei sexuellen Aktivitäten nicht obenauf sein.

In **West Virginia** ist es kein Verbrechen, wenn ein Mann Sex mit einem Tier hat, solange dieses nicht mehr als 18 kg wiegt.

In **Virginia** ist Sex lediglich bei eingeschaltetem Licht und in der Missionarsstellung zulässig. In **North Carolina** sind zusätzlich die Jalousien herunterzulassen.
Dort ist im übrigen auch der Geschlechtsverkehr auf Kirchhöfen strafbar.

In **Connorsville, Wisconsin**, ist es einem Mann untersagt, anlässlich des Orgasmus seiner Frau einen Schuss aus einem Gewehr abzufeuern, selbst wenn dies ihr erster Orgasmus war.

Hingegen ist es Paaren **Newcastle**, **Wyoming**, verboten, Sex zu haben, während sie im Kühlraum eines Ladens stehen.

Sex mit Bestien:
Jede Person, die eines verabscheuenswerten und abscheulichen Verbrechens wider die Natur, begangen mit Menschen oder einem Biest, überführt wird, wird mit bis zu zehn Jahren Gefängnis bestraft.
Mississippi Unannotated Code, § 97-29-59 Widernatürlicher Geschlechtsverkehr

In **Massachusetts** ist Taxifahrern während ihrer Schicht der Sex auf den Vordersitzen untersagt.

In **Santa Cruz**, **Bolivien**, macht sich ein Mann, der gleichzeitig Sex mit Mutter und Tochter hat, strafbar.

In **Cali**, **Kolumbien**, ist einer Frau Sex ausschließlich mit ihrem Ehemann gestattet, wobei sich beim ersten Mal ihre Mutter mit im Raum befinden muss, um den Vollzug zu bezeugen.

In **Auburn**, **Washington**, stehen Männern, die für schuldig befunden werden, eine Jungfrau defloriert zu haben, ungeachtet deren Alters oder Familienstandes, bis zu fünf Jahren Freiheitsstrafe bevor.

In **Detroit**, **Michigan**, ist Sex im Auto nur auf dem eigenen Grundstück erlaubt.

In **Oregon** ist es illegal, dem Partner beim Sex schmutzige Dinge ins Ohr zu flüstern.

In **Texas** ist es einem Huhn gestattet, Sex mit einem Menschen zu haben, während diese Beziehung für den Menschen strafbar ist.
Gleichzeitig ist dort aber auch der Besitz allzu wirklichkeitsgetreuer Dildos verboten.

In **Utah** ist stattdessen Sex in einem fahrenden Krankenwagen verboten. Wird ein Paar dennoch dabei erwischt, kann die Frau angeklagt und ihr Name in der Lokalzeitung veröffentlicht werden. Die Identität des Mannes hingegen wird nicht offenbart.

In **Oklahoma** ist vorehelicher Sex verboten.

In **Minnesota** ist es einem Mann nicht gestattet, mit seiner Frau zu schlafen, wenn sein Atem nach Knoblauch, Zwiebeln oder Sardinen riecht. Wenn die Frau es wünscht, so schreibt es das Gesetz vor, muss der Mann sich die Zähne putzen. (Den üblichen Männergeruch, bestehend aus Schweiß, Bierfahne und Zigarettenrauch, empfinden die Frauen in **Minnesota** beim Sex offenbar nicht als störend.)

In **Liberty Corner**, **New Jersey**, müssen Liebende es vermeiden, ihre lüsternen Triebe in einem geparkten Auto zu befriedigen. Wenn nämlich versehentlich die Hupe ertönt, während sie hinter dem Steuer herumtollen, kann das Paar einer Gefängnisstrafe entgegensehen.

In **New Mexiko** ist Paaren der Sex in geparkten Fahrzeugen während der Mittagspause erlaubt, sofern das Auto oder der Van zugezogene Gardinen hat, so dass Fremde nicht hineinsehen können.

In **England** machen sich zwei erwachsene Männer, die im selben Haus wie eine dritte Person Sex haben, eines Verbrechens schuldig.

In **Australien** beläuft sich das gesetzliche Mindestalter für harten Sex auf 16 Jahre, es sei denn, die Fürsorge und Beaufsichtigung des Jugendlichen obliegen einer älteren Person. In diesem Fall beträgt das Mindestalter 18 Jahre.

Sex mit einem Känguruh ist in **Australien** nur erlaubt, wenn man betrunken ist.

Bis zu dem tragischen Massaker in **Port Arthur** war es in **Tasmanien**, Australien, erlaubt, eine Kalaschnikov AK-47 zu besitzen, während es hingegen strafbar war, homosexuell zu sein.

In **Indonesien** wird Masturbation mit Enthauptung bestraft.

Im **Libanon** dürfen Männer Geschlechtsverkehr mit Tieren haben, wobei die Tiere aber in jedem Fall weiblich sein müssen. Sexuelle Beziehungen zu einem männlichen Tier werden mit dem Tod bestraft.

Homosexuellen ist es verboten, in **Singapur** zu leben.
Dort ist auch oraler Sex, der nicht lediglich als Vorspiel dient, ein Verbrechen.

Ebenso ist in **Singapur** Pornographie verboten, wobei dort bereits das unbekleidete Herumlaufen in der eigenen Wohnung als Pornographie gewertet wird.

In **Arizona** dürfen Sie nicht mehr als zwei Dildos im Haus haben.

In **Arkansas** wird Oralsex als Sodomie betrachtet.

Erstaunlicherweise ist das Ausführen oder Empfangen von Oralsex auch in **San Francisco** verboten.

In **Florida** hingegen ist es untersagt, sexuelle Beziehungen zu Stachelschweinen zu unterhalten.

Beim Sex mit Menschen ist dort wie auch in **Montana** nur die Missionarsstellung rechtlich zulässig. Zudem darf ein Mann dort die Brüste seiner Frau nicht küssen.

In **Coeur D`Alene**, **Idaho**, muss ein Polizist, der vermutet, dass in einem Auto Sex stattfindet, zunächst von hinten an das Auto heranfahren, dann jeweils dreimal sein Signalhorn ertönen oder seine Lichter aufleuchten lassen und anschliessend noch ungefähr 2 Minuten warten, bevor er sein Fahrzeug zur Durchführung seiner Ermittlungen verlässt.

In **Crete**, **Illinois**, wird der Versuch, Sex mit dem eigenen Hund zu haben, als Vergehen betrachtet.

Dagegen gibt es in **Michigan** ein Gesetz, nach dem ein Bauer legal mit seinen Schweinen, Kühen, Pferden, Ziegen und Hühnern schlafen darf.

In **Owensboro**, **Kentucky**, bricht jeder, der Analsex empfängt, das Gesetz.

In **Maryland** ist der Verkauf von Kondomen in Automaten verboten. Ausgenommen sind »Orte, an denen alkoholische Getränke für den sofortigen Konsum verkauft werden«.

In **Montana** ist jede sexuelle Aktivität zwischen unbekleideten Menschen verschiedenen Geschlechts vor dem Haus nach Sonnenuntergang verboten.

Frühere Sexgesetze der BRD

Strafgesetzbuch von 1959

§ 172 Ehebruch

Der Ehebruch wird, wenn wegen desselben die Ehe geschieden ist, an dem schuldigen Ehegatten, sowie dessen Mitschuldigen mit Gefängnis bis zu sechs Monaten bestraft.

§ 175 Unzucht zwischen Männern

Ein Mann, der mit einem anderen Mann Unzucht treibt oder sich von ihm zur Unzucht missbrauchen lässt, wird mit Gefängnis bestraft.

§ 175b Widernatürliche Unzucht

Die widernatürliche Unzucht, welche von Menschen mit Tieren begangen wird, ist mit Gefängnis zu bestrafen; auch kann auf Verlust der bürgerlichen Ehrenrechte erkannt werden.

§ 179 Erschleichung des außerehelichen Beischlafs

Wer eine Frau zur Gestattung des Beischlafs dadurch verleitet, dass er eine Trauung vorspiegelt [...] wird mit Zuchthaus bis zu fünf Jahren bestraft.

§ 180 Kuppelei

Wer gewohnheitsmäßig oder aus Eigennutz durch seine Vermittlung oder durch Gewährung oder Verschaffung von Gelegenheit der Unzucht Vorschub leistet, wird wegen Kuppelei mit Gefängnis nicht unter einem Monat bestraft.

§ 182 Verführung

Wer ein unbescholtenes Mädchen, welches das sechzehnte Lebensjahr nicht vollendet hat, zum Beischlafe verführt, wird mit Gefängnis bis zu einem Jahr bestraft.

9. Spucken in Salatbars

Gesetze rund um Lebensmittel, Alkohol und Gastronomie

Wenn Sie schon immer wissen wollten, wie viele Rattenköttel sich im Reis befinden dürfen, und ob Sie auch in brennenden Restaurants dinieren können, sind Sie in diesem Kapitel goldrichtig.

Lebensmittel

In **Schulter, Oklahoma**, dürfen Sie eine Softdrink-Getränkeflasche nur unter der Aufsicht eines amtlich zugelassenen Ingenieurs öffnen.

In **Beech Grove, Indiana**, ist das Verspeisen von Wassermelonen im Park verboten.

Auch auf dem **Magnolia-Street** Friedhof in **Spartanburg, South Carolina**, dürfen keine Wassermelonen gegessen werden.

In **Indien** dürfen sich nicht mehr als fünf Rattenhaare oder -köttel in jedem Kilo Reis, Weizen, Mais oder Getreide befinden.

In **Utah** ist es illegal, keine Milch zu trinken.

In **Newark, New Jersey**, ist Eiskrem nach 18.00 Uhr nur noch auf ärztliche Verordnung zu bekommen.

In **Los Angeles** ist es verboten, Kröten abzulecken oder an einem Truthahn herumzutasten, um zu prüfen, wie zart er ist.

Damit eine Essiggurke in **Connecticut** offiziell als Essiggurke eingestuft werden kann, muss sie Sprungkraft besitzen.

In **Indiana** ist es nicht gestattet, eine Konservendose aufzuschießen.

Alkohol

In **Pennsylvania** benötigt ein Mann, der Alkohol kaufen möchte, die schriftliche Einwilligung seiner Frau.

In **Texas** ist es ein Verbrechen, mehr als drei Schluck Bier auf einmal im Stehen zu trinken.
Dort ist es auch illegal, am Sonntag nach Mitternacht Bier zu kaufen. (Legal können Sie Bier erst wieder am Montag ab 0.00 Uhr erwerben.)

Zwar sind in der **Schweiz** die Produktion, Lagerung und der Verkauf von Wermut verboten, aber sein Verzehr ist vollkommen rechtmäßig.

Gastronomie

In **England** ist es ungesetzlich, in Schanklokalen, zum Beispiel Kneipen oder Bars, betrunken zu sein.

In **Wisconsin** darf Apfelkuchen in Restaurants nicht ohne Frischkäse serviert werden.

In **Wyoming** ist es Frauen nicht erlaubt, beim Trinken in weniger als 1,5 m Entfernung von der Theke zu stehen.

In **Richmond, Virginia**, gilt selbst der Wurf einer Münze, mit dem ausgelost werden soll, wer im Restaurant den Kaffee zahlt, als illegales Glücksspiel und ist deshalb verboten.

In **Temple**, **Texas**, können Sie mit Ihrem Pferd in den Saloon reiten.

Bars in **Australien** müssen, wenn nötig, die Pferde ihrer Gäste im Stall unterbringen, füttern und tränken.

Das Gesetz von **Oklahoma** toleriert es nicht, dass jemand vom Hamburger eines anderen abbeisst.

In **Xenia**, **Ohio**, ist es verboten, in eine Salatbar zu spucken.

Hingegen ist in **Ocean City**, **New Hampshire**, bereits das Schlürfen von Suppe verboten.

In **North Dakota** dürfen Bier und Brezeln nicht gleichzeitig serviert werden.

In **Edmonton, Kanada**, ist es einem Mann untersagt, mit einer Frau in einem Biersalon zu trinken.

Schlechte Chancen für die Erlebnisgastronomie in **Chicago**: Dort ist es verboten, in Restaurants zu essen, die in Flammen stehen.

In den Restaurants oder Cafés **New Hampshires** dürfen Sie den Takt der Musik weder mit dem Fuß auf den Boden klopfen noch mit dem Kopf mitnicken oder ihn in sonstiger Weise wiedergeben.

10. Lassoverbot beim Fischfang

Seltsame Paragrafen zu Sport und Unterhaltung, Jagen und Fischen

Hier erwarten Sie absurde Gesetze über einarmige Klavierspieler, Engtanzen, Schlittschuhlaufen im Sommer und die Entenjagd mit Maultieren.

Unterhaltung

In **Frankreich** ist vorgeschrieben, dass 70% der zwischen 08.00 Uhr und 20.00 Uhr im Radio gespielten Musik von **französischen** Komponisten stammen muss.

Im **kanadischen** Radio muss jeder fünfte Song der Feder eines einheimischen Musiker entsprungen sein (was bedeutet, dass Celine Dion und Bryan Adams sehr häufig gespielt werden).

In **Israel** wird eine illegale Radiostation legal, wenn sie fünf Jahre oder mehr betrieben wurde.

In **New Mexiko** kann eine Zeitung, die den Namen einer Person falsch schreibt, mit einer Geldstrafe belegt werden.

In **Iowa** sind einarmige Klavierspieler gesetzlich verpflichtet, umsonst aufzutreten.

In **Aguascalientes**, **Mexiko**, ist jede Form der nackten künstlerischen Vorführung verboten.

In **Montana** darf eine Frau in einem Saloon oder einer Bar nicht auf dem Tisch tanzen, wenn sie nicht mindestens 1,415 kg Kleidung trägt.

In **North Carolina** verstösst es gegen das Gesetz, falsch zu singen.

In **Toronto**, **Kanada**, dürfen Kinobesitzer keinen Film zeigen, der erst nach 02.00 h enden wird, während in **Glendale**, **Kalifornien**, Horrorfilme generell nur montags bis mittwochs gezeigt werden sollen.

In **Winnetka**, **Illinois**, haben Theaterintendanten das Recht, Besucher mit übelriechenden Füßen aus dem Theater zu werfen.

Tanzen

Ein altes Gesetz in **Bellingham**, **Washington**, verbietet es einer Frau, während des Tanzens mehr als drei Schritte rückwärts zu gehen.

In **Lyndon**, **Washington**, dürfen Tanzen und Trinken nicht am selben Veranstaltungsort stattfinden.

Engtanzverbot! Auf den Tanzflächen in **Monroe**, **Utah**, muss Tageslicht zwischen den Partnern sichtbar sein.

In **Lancaster County**, **South Carolina**, ist Tanzen in der Öffentlichkeit überhaupt nicht erlaubt.

In **Fargo**, **North Dakota**, ist es dagegen möglich, für das Tragen eines Hutes während des Tanzens ins Gefängnis zu kommen.

Sport & Spiel

In **New York** ist es ein Verbrechen, jemandem aus Spaß einen Ball an den Kopf zu werfen.

In **New Hampshire** dürfen Sie die Kleidung, die Sie gerade tragen, nicht verkaufen, um Ihre Spielschulden zu bezahlen.

In **Schulter**, **Oklahoma**, dürfen Frauen weder in Unterwäsche noch mit einem Handtuch bekleidet oder gar nackt um Geld spielen.

In **Oregon** ist nicht nur das Jonglieren ohne Genehmigung, sondern für Frauen darüber hinaus auch das Ringen streng verboten.

In **Alberta**, **Kanada**, durften bis vor kurzem keine Würfel benutzt werden, um Craps zu spielen – ein Würfelspiel.

In **Globe**, **Arizona**, ist es ungesetzlich, mit einem **Indianer** auf der Straße Karten zu spielen.

In **Long Beach**, **Kalifornien**, ist es verboten, auf einem Minigolfplatz zu fluchen.

Den Bürgern von **Idaho** ist es nicht gestattet, an Hundekämpfen teilzunehmen.

Auf dem Flussufersee in **Moline**, **Illinois**, ist während der Sommermonate Juni bis August das Schlittschuhlaufen verboten.

Jagen

In **Texas** verstößt es gegen das Gesetz, aus dem zweiten Stock eines Hotels auf einen Büffel zu schiessen.

In **Norfolk**, **Virginia**, ist das Jagen mit einem Gewehr rechtmäßig, solange sich der Jäger dabei 15 m über dem Erdboden befindet.

In **Tennessee** ist hingegen die Jagd aus einem sich bewegenden Fahrzeug verboten, sofern es sich bei der Beute nicht um einen Wal handelt. In **Tennessee** ist das Walvorkommen allerdings sehr gering, da dieser Bundesstaat keine Küsten hat.

Das Jagdrecht von **Kansas** verbietet den Einsatz von Maultieren bei der Entenjagd.

In **Florida** darf ein schwimmender Hirsch nicht gejagt oder getötet werden.

Im US-Bundesstaat **Arizona** ist dagegen die Jagd auf Kamele gesetzlich verboten.

Das **deutsche** Jagdrecht verbietet es u.a., seltenes Wild zu fotografieren oder zu filmen und es dadurch zu beunruhigen. Der Abschuss des Wildes ist dagegen erlaubt. Das tote Wild dürfen Sie dann schließlich auch fotografieren.

In **Los Angeles** ist das Jagen von Nachtfaltern unter Straßenlaternen untersagt.

Fischen

In **Tennessee** darf zum Fischfang kein Lasso verwendet werden.

In **Montana** dürfen verheiratete Frauen nicht am Sonntag, ledige Frauen sogar überhaupt nicht alleine zum Fischen gehen.

Die Bewohner von **Boise**, **Idaho**, dürfen nicht vom Rücken einer Giraffe aus fischen.

Auf den Wellenbrechern von **Chicago** ist das Fischen im Pyjama verboten.

In **Saskatoon**, **Kanada**, ist bereits der Versuch, Fische mit bloßen Händen zu fangen, illegal.

Hingegen darf in **Ohio** nicht mit Sprengstoff gefischt werden.

11. Flugverbot für Bienen

Lustige Tiergesetze

Darf ein Löwe aus dem Gesetzesdschungel direkt ins Kino? Die Tierwelt ist für durchgedrehte Gesetzgeber ein besonders dankbares Regelungsobjekt. Badewannenverbot für Esel, Feuerhydranten als Pferdefutter und illegale Schildkrötenrennen – die kuriosen Gesetze sind so zahlreich wie die Tierarten selbst.

Hunde

In **Oklahoma** kann, wer Hunden gegenüber hässliche Grimassen schneidet, mit einer Geldstrafe belegt oder sogar eingesperrt werden.
Im Gegenzug bedürfen dort die Hunde, um sich in Gruppen von drei oder mehr auf Privatgrundstücken zu versammeln, einer vom Bürgermeister unterzeichneten Genehmigung.

In **Massachusetts** ist es Vorschrift, im April allen Hunden die Hinterbeine zusammenzubinden.

Jeder Bürger von **Marlborough**, **Massachusetts**, darf maximal zwei Hunde besitzen.

Nach **norwegischem** Recht dürfen weibliche Hunde und Katzen nicht sterilisiert werden, wohingegen es zulässig ist, die männlichen Tiere dieser Arten zu kastrieren.

In **Ramat-Hasharon**, **Israel**, ist das Züchten von Rottweilern verboten.

In **Little Rock, Arkansas**, ist es Hunden nicht erlaubt, nach 18.00 Uhr zu bellen.

In **Chicago** ist es ungesetzlich, einem Hund Whisky zu trinken zu geben.

Katzen

In **Cresskill, New Jersey**, müssen alle Katzen drei Glocken tragen, um Vögel vor ihrer Anwesenheit zu warnen.

Hingegen müssen in **French Lick Sprinks, Indiana**, nur schwarze Katzen und ausschliesslich am Freitag, den 13., Glocken tragen.

In **Barber, North Carolina**, sind Kämpfe zwischen Katzen und Hunden verboten.

In **Sterling, Colorado**, dürfen Katzen nur frei herumlaufen, wenn sie mit einem Rücklicht ausgestattet sind.

Pferde und andere Gesellen

In **Marshalltown, Iowa**, ist Pferden das Fressen von Feuerhydranten nicht erlaubt.

In **Texarkana, Texas**, dürfen Pferde nachts nur geritten werden, wenn sie Rücklichter tragen,.

In **Wynona, Oklahoma**, dürfen Vogelbäder weder zum Tränken der Maultiere noch zum Waschen von Kleidung zweckentfremdet werden.

In **Outremont, Kanada**, ist es verboten, ein Pferd vor dem Hotel Country Squire zurückzulassen, ohne es zuvor sicher an den Pfosten anzubinden – der bereits vor Jahren entfernt worden ist.

In **Alaska** ist es nicht nur strafbar, vom Flugzeug aus nach einem Elch zu schauen, sondern auch, einen lebenden Elch aus einem sich bewegenden Flugzeug zu stoßen. Daneben ist es verboten, Elchen alkoholische Getränke zu geben.

In **Arizona** ist es Eseln nicht gestattet, in der Badewanne zu schlafen.

In **Los Angeles** ist bereits der Besitz eines Flusspferdes ein Vergehen.

In **Atlanta** ist es verboten, eine Giraffe an einem Telefonmast oder einer Straßenlaterne anzubinden.

Vieh

In **Frankreich** begeht der Besitzer eines Schweins ein Verbrechen, wenn er es »Napoleon« nennt. (Wegen Majestätsbeleidigung oder wegen Tierschutz?)

In **New Hampshire** ist jedes Vieh, das über eine Bundesstraße geht, mit einem Apparat zum Aufsammeln seiner Fäkalien zu versehen.

In **Texas** ist es ein Verbrechen, die Kuh einer anderen Person zu melken oder mit Graffiti zu versehen.

In **Oklahoma** verstossen Sie gegen das Gesetz, wenn Sie die Hinterbeine eines Nutztieres in Ihre Stiefel stellen.

In **Boston**, **Massachusetts**, darf jedermann seine Schafe und Kühe in den öffentlichen Gärten und auf Gemeindeland grasen lassen, sofern dies nicht am Sonntag geschieht.

Das **schottische** Gesetz verbietet es dem Besitzer einer Kuh, betrunken zu sein.

In **Israel** ist es verboten, **Schweine** zu züchten. Wird dieses Gesetz gebrochen, muss das Schwein getötet werden.

In **Kanada** stellt es ein Vergehen dar, ein Lama im Nationalpark grasen zu lassen. Gesetzesbrecher können mit einer Geldstrafe von $75 bestraft werden.

Es ist verboten, mehr als zweitausend Schafe gleichzeitig den **Hollywood Boulevard** hinunterzutreiben.

Hühner & Vögel

Feste Arbeitszeiten für Legehennen: In **Norfolk**, **Virginia**, hat eine Henne Ihre Eier ausschliesslich zwischen 8.00 Uhr und 16.00 Uhr zu legen.

In **Ontario**, **Kalifornien**, dürfen Hähne innerhalb der Stadtgrenzen generell nicht krähen.

In **Kenilworth**, **Illinois**, müssen sich Hähne zum Krähen lediglich 100m vom nächsten Wohnhaus entfernen. Wenn Hennen gackern wollen, müssen sie nur 66m Abstand halten.

In **New Jersey** gilt es als Verbrechen, eine Brieftaube aufzuhalten.

In **Alabama** dürfen Tauben keine Kieselsteine von Flachdächern fressen.

Elefanten

Elefanten dürfen Sie nicht mit in die Innenstadt von **Schulter, Oklahoma,** nehmen.

Auch ist es den Tieren nicht erlaubt, die Market Street in **San Francisco** entlangzuschlendern, es sei denn, sie sind angeleint.

In **North Carolina** dürfen Elefanten nicht zum Pflügen der Baumwollfelder eingesetzt werden.

Raubtiere

In **Baltimore, Maryland**, dürfen Sie Ihren Löwen nicht mit ins Kino nehmen.

In **Woodstock** ist es verboten, mit einem Bären ohne Leine die Straße entlangzugehen.

Nager

In **Excelsior Springs, Missouri**, wird das Quälen von Eichhörnchen nicht toleriert.

Nach **kalifornischem** Recht begeht bereits ein Verbrechen, wer ohne Jagdlizenz eine Mausefalle aufstellt.

In **Balesburg, Illinois**, wird das Erschlagen von Ratten mit Baseballschlägern mit einer Geldstrafe in Höhe von $1.000 geahndet.

In **Michigan** gibt es demgegenüber eine Prämie von 10 Cent für jeden Rattenkopf, der im Stadtbüro abgeliefert wird.

Amphibien & Reptilien

In **Arkansas** gilt es als Vergehen, Alligatoren in der Badewanne zu halten.

In **New Orleans, Louisiana**, dürfen Sie einen Alligator hingegen nicht an den Feuerhydranten binden.

In **Maine** ist es verboten, einen Alligator zu belästigen.

Eine Verordnung von **Key West** verbietet dagegen Schildkrötenrennen innerhalb der Stadtgrenzen.

In **Memphis, Tennessee**, ist Fröschen das Quaken nach 23.00 Uhr untersagt.

In **Toledo, Ohio**, verstösst es gegen das Gesetz, jemanden mit einer Schlange zu bewerfen.

Allgemeines

In **Wyoming** ist es im Monat Juni nicht erlaubt, einen Hasen zu fotografieren.

Innerhalb der Stadtgrenzen von **Stanfield, Oregon**, ist es Tieren grundsätzlich verboten, sich zu begatten.

Im Zoo von **New Jersey** ist es strikt untersagt, den Tieren Whisky zu geben oder Zigaretten anzubieten.

Ebenso ist es in **Ohio** illegal, einen Fisch betrunken zu machen.

In **Arad**, **Israel**, ist bereits das Füttern von Tieren auf öffentlichen Plätzen verboten.
Auch stellt dort das Betreiben einer mobilen Sterilisierungs-/Kastrierungsklinik ein Vergehen dar, da dies mit dem ebenfalls ungesetzlichen Hausieren gleichgestellt wird.

In **Kalifornien** ist der Besitz der meisten gängigen Haustiere unzulässig: Sie dürfen dort weder Landschnecken oder Faultiere noch Elefanten besitzen. Hamster sind, mit Ausnahme des Goldhamsters, ebenfalls verboten.

Zugleich dürfen Tiere sich dort nicht innerhalb eines Umkreises von 500 m von einer Kneipe, Schule oder einem Gotteshaus öffentlich paaren.

In **Illinois** können Tiere sogar ins Gefängnis kommen: Ein Affe verbüßte wegen eines Ladendiebstahls fünf Tage in einem Chicagoer Gefängnis.

In **South Bend**, **Indiana**, ist Affen das Zigarettenrauchen untersagt.

In **Zion, Illinois**, gilt es zudem als Verbrechen, Hunden, Katzen oder sonstigen Haustieren angezündete Zigarren zu geben.

Das Misshandeln von Austern ist in **Baltimore**, **Maryland**, ein Vergehen.

Das Gesetz von **Kirkland, Illinois**, verbietet es Bienen, über oder durch die Strassen der Stadt zu fliegen.

Das Bienenrecht des deutschen Bürgerlichen Gesetzbuches

Ein Problem, das jeder von uns kennt: Der eigene Bienenschwarm macht sich plötzlich selbständig und verlässt das Haus. Hier war die ganze Kunst des deutschen bürgerlichen Gesetzgebers gefragt.

§ 961 Herrenloswerden eines Bienenschwarmes
Zieht ein Bienenschwarm aus, so wird er herrenlos, wenn nicht der Eigentümer ihn unverzüglich verfolgt oder wenn der Eigentümer die Verfolgung aufgibt.

§ 962 Verfolgungsrecht des Eigentümers
Der Eigentümer des Bienenschwarms darf bei der Verfolgung fremde Grundstücke betreten. Ist der Schwarm in eine fremde, nicht besetzte Bienenwohnung eingezogen, so darf der Eigentümer des Schwarmes zum Zwecke des Einfangens die Wohnung öffnen und die Waben herausnehmen oder herausbrechen. Er hat den entstehenden Schaden zu ersetzen.

§ 963 Vereinigung von Bienenschwärmen
Vereinigen sich ausgezogene Bienenschwärme mehrerer Eigentümer, so werden die Eigentümer, welche ihre Schwärme verfolgt haben, Miteigentümer des eingefangenen Gesamtschwarmes; die Anteile bestimmen sich nach der Zahl der verfolgten Schwärme.

§ 964 Einzug in eine fremde besetzte Bienenwohnung

Ist ein Bienenschwarm in eine fremde, besetzte Bienenwohnung eingezogen, so erstrecken sich das Eigentum und die sonstigen Rechte an den Bienen, mit denen die Wohnung besetzt war, auf den eingezogenen Schwarm. Das Eigentum und die sonstigen Rechte an dem eingezogenen Schwarme erlöschen.

12. Der Grashüpfer-Kontrollausschuss

Kuriose Gesetze aus Politik & Verwaltung

Das Thema Politik & Verwaltung beschert uns schwarzfahrende Abgeordnete ebenso wie das Hobby des Kanalkriechens. Schließlich erfahren Sie auch noch, wie die ehemalige DDR den drohenden mörderischen Bruderkrieg mit der BRD verhindern wollte.

Politik & Verwaltung

Deutsche Beamte können zur Untersuchung ihres Geisteszustandes in die Irrenanstalt gebracht und dort bis zu sechs Wochen verwahrt und untersucht werden.

In **England** ist es einem Abgeordneten nicht gestattet, das Unterhaus in voller Rüstung zu betreten. Das gilt selbst für diejenigen Abgeordneten, die von der Königin zum Ritter geschlagen worden sind.

In **South Carolina** ist es illegal, ohne eine schriftliche Genehmigung der zuständigen Behörde in der öffentlichen Kanalisation herumzukriechen. Wenn Sie diesem Hobby dennoch frönen, müssen Sie mit einer Geldstrafe von bis zu $100 oder mit Inhaftierung bis zu 30 Tagen rechnen.

Jede Stadt in **Missouri** ist berechtigt, zur Unterstützung der Stadtkapelle eine Steuer zu erheben, sofern der Bürgermeister Pikkoloflöte spielt und jedes Kapellenmitglied Erbsen mit einem Messer essen kann.

Einkommensteuergesetz 1997
- EStG 1997 -
Stand: In der Fassung der Bekanntmachung vom 16. April 1997 (BGBl. I 1997 S. 821-929), zuletzt geändert durch Artikel 1 des Steuerbereinigungsgesetzes 1999 vom 22. Dezember 1999 (BGBl. I 1999 S. 2601.)

§ 52 Anwendungsvorschriften

(3) § 2a Abs. 1 Satz 1 Nr. 6 Buchstabe b in der Fassung der Bekanntmachung vom 22. Dezember 1999 (BGBl. I S. 2601) ist erstmals auf negative Einkünfte eines Steuerpflichtigen anzuwenden, die er aus einer entgeltlichen Überlassung von Schiffen auf Grund eines nach dem 31. Dezember 1999 rechtswirksam abgeschlossenen obligatorischen Vertrags oder gleichstehenden Rechtsakts erzielt. § 2a Abs. 3 und 4 in der Fassung der Bekanntmachung vom 16. April 1997 (BGBl. I S. 821) ist letztmals für den Veranlagungszeitraum 1998 anzuwenden. § 2a Abs. 3 Satz 3, 5 und 6 in der Fassung der Bekanntmachung vom 16. April 1997 (BGBl. I S. 821) ist für die Veranlagungszeiträume 1999 bis 2008 weiter anzuwenden, soweit sich ein positiver Betrag im Sinne des § 2a Abs. 3 Satz 3 ergibt, oder soweit eine in einem ausländischen Staat gelegene Betriebsstätte im Sinne des § 2a Abs. 4 in der Fassung des Satzes 5 in eine Kapitalgesellschaft umgewandelt, übertragen oder aufgegeben wird. Insoweit ist in § 2a Abs. 3 Satz 5, letzter Halbsatz, die Bezeichnung »§ 10d Abs.3« durch »§ 10d Abs. 4« zu ersetzen. [...]

Bitte fertigen Sie Ihre Steuererklärung – jetzt!

Deutsche Abgeordnete haben das Recht, alle öffentlichen Verkehrsmittel frei zu nutzen. Eine elegante Lösung des Problems schwarzfahrender Abgeordneter.

Alle **Engländer** über 14 Jahre sind verpflichtet, zwei Stunden wöchentlich mit dem Langbogen unter Aufsicht des örtlichen Geistlichen zu üben.

In **Kanada** ist es bei Androhung einer Geldstrafe von $75 verboten, eine Rakete in einem dafür nicht vorgesehenen Gebiet zu starten.

Unwörter für Behinderte:
»Wann immer ein Akt, Resolution, Gesetz, Regelung, Richtlinie, Vorschrift, oder andere Regierungsdokumente sich auf Menschen mit Behinderungen beziehen, sollen stigmatisierende Bezeichnungen, wie »die Behinderten«, »die Invaliden«, »die Blinden«, »die Tauben«, »die Gehirngelähmten«, »die Gelähmten«, »die Epileptiker«, »an den Rollstuhl Gefesselte«, »Geistesgestörte«, »Idioten«, »Verrückte«, »Entstellte«, »Opfer«, »leidet an«, etc. nicht gebraucht werden.
Die politisch korrekte Bezeichnung lautet: »Menschen mit Behinderungen«.
***Rhode Island** Statutes, § 43-3-7.1*

In **Louisiana** gibt es keine staatlichen Beschränkungen der Körpergröße, so dass die Bürger dort so groß werden können, wie sie wollen.

Das Gesetz von **Illinois** verpflichtet alle gesunden Männer zwischen 21 und 50 Jahren, zwei Tage im Jahr im Straßenbau zu arbeiten.

In **Washington** stellt es einen Gesetzesverstoß dar, Punktmuster auf die amerikanische Flagge zu malen.

In **Clarendon**, **Texas**, dürfen öffentliche Gebäude nicht mit Staubwedeln abgestaubt werden.

Sie werden als Ehrenbürger **Londons** anerkannt, wenn Sie Ihre Gänse die Cheapside-Road hinuntertreiben.

In einigen **australischen** Bundesstaaten ist es ungesetzlich, bestimmte Arten von Matratzen ohne eine Matratzenlizenz zu besitzen.

Wer die **kanadischen** Streitkräfte beim Marschieren stört, muss mit einer Geldstrafe von $300 rechnen.

In **Calgary**, **Kanada**, ist es ohne Genehmigung des Bürgermeisters verboten, Feuerwerkskörper zu zünden oder mit Schneebällen zu werfen.

In **British Columbia** gilt es als Verbrechen, eine Sitzung des Grashüpferkontrollausschusses zu unterbrechen.

Das Versenden eines gesamten Gebäudes mit der Post ist in den **Vereinigten Staaten** seit 1916 verboten, nachdem ein Mann ein 40.000 t Ziegelhaus per Post quer durch **Utah** verschickte, um auf diese Weise die hohen Transportkosten zu vermeiden.

Da viele Bürger **Amerikas** nicht einmal in der Lage sind, den Namen ihres Bundesstaates richtig auszusprechen, hat der Staat **Arkansas** die korrekte Aussprache seines Namens gesetzlich festgelegt: Der Name soll in drei Silben ausgesprochen werden, wobei das letzte »s« nicht gesprochen, das »a« in jeder Silbe italienisch ausgesprochen und die erste und letzte Silbe betont werden. Wenn Sie diese Ausspracheregeln befolgen, klingt es etwa so wie »Ark-an-saw«.

In **Illinois** ist es verboten, englisch zu sprechen.

In **Chicago** ist es legal, nackt vor dem Rathaus zu protestieren, solange Sie unter 17 Jahre alt sind und eine entsprechende Genehmigung besitzen.

Gesetz zum Schutze des Friedens der DDR
vom 15.12.1950
Präambel
Die aggressive Politik der imperialistischen Regierungen der USA, Großbritanniens und Frankreichs, die auf ein neues Weltgemetzel hinzielt, droht das deutsche Volk in einen mörderischen Bruderkrieg zu verstricken. (...)
§ 1
Wer andere Völker oder Rassen schmäht, gegen sie hetzt, zum Boykott gegen sie auffordert, um die friedlichen Beziehungen zwischen den Völkern zu stören und das **deutsche** Volk in einen neuen Krieg zu verwickeln, wird mit Gefängnis, in schweren Fällen mit Zuchthaus bestraft.
§ 4
Wer die Verwendung von Atomwaffen oder anderen Massenvernichtungsmitteln wie Gift, radioaktive, chemische und bakteriologische Mittel verherrlicht oder propagiert, wird mit Gefängnis, in schweren Fällen mit Zuchthaus bestraft.
§ 5
Wer im Dienste der Kriegshetze die Bewegung für die Erhaltung und Festigung des Friedens verächtlich macht oder herabwürdigt (...), wird mit Gefängnis, in schweren Fällen mit Zuchthaus bestraft.

13. Das Stinktier im Schreibtisch

Irrsinnige Verbote aus Beruf, Religion und Feuerwehr

Unter der Überschrift „Berufliches“ erfahren Sie Einzelheiten über den Beruf des Scharlatans und die Mindestzwingergröße für Arbeitnehmer. Der Rubrik „Religiöses“ können Sie entnehmen, wann Sie in der Kirche mit einer lebenslänglichen Freiheitsstrafe rechnen müssen. Und schließlich können Sie nachlesen, ob man schlafende Feuerwehrmänner wecken darf.

Berufliches

In **Michigan** ist es ungesetzlich, ein Stinktier in den Schreibtisch des Chefs zu setzen.

In **Pasadena**, **Kalifornien**, darf eine Sekretärin nicht mit ihrem Chef allein im Zimmer sein.

In **Deutschland** müssen alle Büroräume eine Sichtverbindung nach außen haben. Dabei muss jedem Arbeitnehmer an seinem Arbeitsplatz eine freie Bewegungsfläche von mindestens 1,50 m^2 zur Verfügung stehen. (Als Schäferhund im Zwinger stünden Ihnen dagegen mindestens 8 m^2 zu.)

In **Holland** ist Prostitution legal, und die Prostituierten müssen wie jeder andere Gewerbetreibende Steuern zahlen. (Ungeklärt ist noch, inwieweit die Kosten für Kondome und Gleitmittel sowie die Zahlungen an den Zuhälter als Betriebsausgaben steuerlich absetzbar sind.)

In **Italien** dürfen Frauen, die auf den Namen Maria getauft wurden, nicht als Prostituierte arbeiten.

Im **deutschen** Handelsgesetzbuch wird der Unternehmer noch immer Prinzipal genannt. Die Leibeigenen des Prinzipals werden dagegen zeitgemäß als Angestellte bezeichnet.

In **Island** ist es jedermann erlaubt, sich als Mediziner zu betätigen, wenn er ein Schild mit der Aufschrift »Scottulaejnir« aushängt. Das bedeutet übersetzt Quacksalber.

In **Italien** ist es hingegen verboten, den Beruf des Scharlatans auszuüben.

Das Gesetz von **Arkansas** versagt Lehrern, die sich das Haar kurz schneiden lassen, eine Gehaltserhöhung.

In **Waterbury**, **Connecticut**, dürfen Kosmetikerinnen bei der Behandlung eines Kunden nicht summen, singen oder pfeifen.

In **Maine** existiert ein Gesetz, das nach einer legalen Jagdzeit auf alle Anwälte verlangt. (Endlich hat ein Gesetzgeber das berühmte Zitat von Shakespeare »and first of all we kill all lawyers« in die Tat umgesetzt.)

In **St. Louis**, **Missouri**, darf ein Milchmann im Dienst nicht rennen.

Religiöses

In **Kentucky** ist es verboten, Reptilien während des Gottesdienstes zum Einsatz zu bringen: Auf Schlangenbeschwörung in der Kirche steht eine Geldstrafe von $50 bis $ 100.

In **Nebraska** können Eltern, deren Kind während des Gottesdienstes einen Rülpser nicht zurückhalten kann, verhaftet werden.

In **St. Louis, Missouri**, hat Furzen in der Kirche obligatorisch lebenslängliche Freiheitsstrafe zur Folge.

In **Boston, Massachusetts**, ist es verboten, in der Kirche zu essen.

In **Irland** soll nach einem Gesetz aus dem Jahre 1736 jeder, der irgendeine Art von Hexerei, Zauberei oder Verzauberung betreibt, oder angibt, über Kenntnisse auf dem Gebiet des Okkultismus zu verfügen, für jede dieser Straftaten zwingend mit einem Jahr Freiheitsstrafe belegt werden.

Atheisten haben es in **Vermont** schwer: Dort ist es verboten, die Existenz Gottes zu bestreiten.

In **Australien** hingegen ist es untersagt, Tarot-Karten zu legen oder spiritistische Sitzungen durchzuführen, da dies Methoden der Hexerei sind.

In **Alabama** ist es unzulässig, einen falschen Schnurrbart zu tragen, der unpassendes Gelächter in der Kirche hervorruft.

Die Bürger **Georgias** müssen bei ihrem sonntäglichen Kirchgang mit einem geladenen Gewehr ausgestattet sein.

In **Massachusetts** dürfen weder Quäker noch Hexen leben.

In **Boston, Massachusetts**, ist es einem Rennpferd untersagt, eine religiöse Zeremonie zu stören.

In **Nicholaus County**, **West Virginia**, ist es den Mitgliedern der Geistlichkeit verboten, während des Gottesdienstes von der Kanzel herab Witze oder humoristische Geschichten zu erzählen.

Feuerwehrmänner in **Fort Madison**, **Iowa**, müssen die Bekämpfung von Feuer 15 Minuten lang üben, bevor sie auf einen Notruf reagieren.

In **Huntington**, **West Virginia**, dürfen Feuerwehrmänner mit einer Frau, die an der Feuerwache vorbeigeht, weder flirten noch nach ihr pfeifen.

In **Racine**, **Wisconsin**, sollen schlafende Feuerwehrmänner nicht geweckt werden.

In **Allentown**, **Pennsylvania**, müssen die Hydranten eine Stunde vor Ausbruch des Feuers kontrolliert werden.

Die Feuerwehr von **Charleston**, **South Carolina**, hat die Befugnis, die Häuser der Einwohner in die Luft zu sprengen, um auf diese Weise eine Brandschneise zu schlagen.

14. Niemals am Tag des Herrn

Eine reiche Auswahl an Sonntagsverboten

Schon in der Weimarer Reichsverfassung hieß es, der Sonntag sei der Tag der Arbeitsruhe und der seelischen Erbauung. Seien Sie also vorsichtig, wenn Sie das nächste Mal sonntags das Auto waschen, ein Bad nehmen oder Ihre Frau finster anblicken. Das könnten nämlich alles schwere Verstöße gegen die Sonntagsruhe sein.

Weder sollten Sie sonntags in **Toronto**, **Kanada**, ein totes Pferd die Yonge-Street hinunterschleifen noch in **Columbus**, **Georgia**, einem Huhn den Kopf abschneiden.

Auch ist es den Bürgern **New Hampshires** nicht gestattet, am Sonntag gen Himmel zu blicken, während sie sich erleichtern.

In **England** war bis vor kurzem der Verkauf der meisten Waren am Sonntag verboten, wobei es aber immer erlaubt war, sonntags Mohrrüben zu verkaufen.

Am Sonntag ist sogar im **englischen York** das an anderen Tagen völlig legale Beschiessen eines Schotten mit Pfeil und Bogen untersagt. Dies gilt jedoch nicht, wenn der Schotte sonntags beim Furzen erwischt wird.

In **Holland** ist sonntags zwar der Verkauf von Bier und Wein, nicht hingegen von alkoholischen Mixgetränken verboten.

In **Schottland** darf sonntags nicht gefischt, in der **Schweiz** dagegen keine Wäsche zum Trocknen aufgehängt werden. Dort dürfen Sie auch Ihr Auto nicht am Sonntag waschen.

Auch wird in der **Schweiz** sonntägliches Rasenmähen wegen der Lärmbelästigung als Vergehen betrachtet.

In **Victoria**, **Australien**, ist es ein Vergehen, am Sonntagnachmittag rosa Hot Pants zu tragen.

In **Ottawa**, **Kanada**, verstösst es gegen das Gesetz, sonntags auf der Bank-Street Eiskrem zu essen.

Währenddessen dürfen Sie in der Öffentlichkeit von **Wawa**, **Kanada**, sonntags nicht zärtlich werden; gegen Grobheiten bestehen dagegen keine Bedenken.

In **Alabama** darf am Sonntag nicht Domino gespielt werden.

In **Little Rock**, **Arkansas**, ist es sonntags nur in der Zeit bis 13.00 Uhr erlaubt, eine Kuh die Hauptstraße hinunterzutreiben.

In **Denver**, **Colorado**, ist es untersagt, sonntags schwarze Autos zu fahren.

In **Florida** ist ledigen Frauen sonntags das Fallschirmspringen verboten. Im Falle des Verstosses riskieren sie, mit Arrest, Geldstrafe oder Gefängnis bestraft zu werden.

In **Tampa Bay**, **Florida**, ist es verboten, sonntags nach 18.00 Uhr Hüttenkäse zu essen.

In **Idaho** hingegen stellt es ein Vergehen dar, sonntags Karussell zu fahren.

In **Cicero, Illinois**, ist sonntags sogar das Summen auf öffentlichen Straßen verboten.

Hingegen ist in **Boston, Massachusetts**, am Sonntag nicht nur das Baden, sondern auch jede öffentliche Zuneigungsbekundung verboten.

In **Detroit, Michigan**, darf ein Mann seine Frau am Sonntag nicht finster anblicken.

In **New Hampshire** darf sonntags nicht geflippert werden, und auch der Verzehr von Essiggurken ist an diesem Wochentag unzulässig.

In **Sponkane, Washington**, ist am Sonntag zwar der Erwerb eines Radios, nicht aber der Kauf eines Fernsehers legal.

In **Kiriat Motzkin, Israel**, sind laute Stimmen oder große Lichter am Wochenende zu vermeiden.

15. Hypnotisierte Schaufensterpuppen

Seltsame Gesetze aus der Geschäftswelt

Auch das Gewerberecht ist von irrsinnigen Gesetzen nicht verschont geblieben. Lesen Sie die merkwürdigen Vorschriften über den Handel mit Pferdeurin, die Verwendung von Kugeln als Zahlungsmittel und die Ausstattung von Hotelzimmern mit Einzelbetten und Nachthemden.

In **New York** wird das Aufstellen nackter Schaufensterpuppen in der Auslage eines Geschäfts als Verbrechen gewertet.

Dagegen ist es in **Hartshorne**, **Oklahoma**, ungesetzlich, eine hypnotisierte Person ins Schaufenster zu stellen.

In **Vermont** ist es verboten, ohne Genehmigung Pferdeurin zu verkaufen.

In **Massachusetts** werden Kugeln nicht als Zahlungsmittel anerkannt.

In **Kanada** ist es untersagt, einen Artikel, der 50 Cents oder mehr kostet, ausschliesslich mit Pennys zu bezahlen.

In **Delaware** dürfen Sie Ihr Holzbein nicht verpfänden.

Geschäftsinhaber in **Alberta, Kanada**, sind gesetzlich verpflichtet, Geländer zum Anbinden der Pferde bereitzustellen.

In **Uxbridge**, **Kanada,** hat die rasante Entwicklung des Internets keine Chance: Dort darf eine Internetverbindung grundsätzlich nicht schneller als 56k sein.

Im kanadischen **Quebec** sind Ladenschilder generell in französisch zu halten. Zusätzliche englische Beschriftungen dürfen höchstens halb so groß wie das Französische sein.

Das Queen-Elizabeth-Hotel in **Montreal** musste bis 1998 die Pferde seiner Gäste umsonst füttern.

In **Lee County**, **Alabama**, ist es verboten, mittwochs nach Sonnenuntergang Erdnüsse zu verkaufen, während es in Kalifornien untersagt ist, eine Orange im Hotelzimmer zu schälen.

In **Pensacola**, **Florida**, ist es strafbar, weniger als 10 Dollar bei sich zu führen.

Hotelbesitzer in **Hastings**, **Nebraska**, sind verpflichtet, jeden Gast mit einem sauberen und gebügelten Nachthemd zu versorgen. Selbst verheiratete Paare dürfen dort weder nackt zusammen schlafen noch Sex miteinander haben, es sei denn, sie tragen dabei ein sauberes, weißes Baumwollnachthemd.

In **Sioux Falls**, **South Dakota**, müssen die Hotelzimmer jeweils zwei Einzelbetten aufweisen. Wenn ein Paar ein Zimmer nur für eine Nacht mietet, müssen diese Betten mindestens 60 cm voneinander entfernt stehen. Außerdem ist es verboten, sich auf dem Boden zwischen den Betten zu vergnügen.

Feuerwerksläden in **Pennsylvania** dürfen an die Einwohner dieses Bundesstaates kein Feuerwerk verkaufen.

In **Memphis**, **Tennessee**, brechen Sie das Gesetz, wenn Sie ausgehöhlte Baumstämme verkaufen.

16. Verrückte Grenzsteine

Sonderbares Grundstücks- und Nachbarrecht

Dieses Kapitel handelt vom Gesetzeswahnsinn rund um Haus und Garten. Darin werden Ihnen verwirrte Grundstücke ebenso begegnen wie beißende Mieter und sich paarende Unterwäsche. Sie können zudem erfahren, ob Sie Ihren Staubsauger verleihen und wie viel Geschirr Sie pro Tag maximal zerbrechen dürfen.

In **Deutschland** kann der Grundstückseigentümer die Mitwirkung seines Nachbarn an der Wiederherstellung des ursprünglichen Zustands verlangen, wenn »ein Grenzzeichen verrückt ist«. Sollte man statt des Nachbarn nicht besser gleich den Nervenarzt um Hilfe bitten?

In **Deutschland** gibt es eine Norm, die die Vereinigung von Grundstücken regelt: »Ein Grundstück soll nur dann mit einem anderen Grundstück vereinigt werden, wenn hiervon Verwirrung nicht zu besorgen ist.« Da die Vereinigung von Grundstücken nach Auffassung des Gesetzgebers offenbar häufig zu beiderseitiger Verwirrung führt, sollten Sie sie lieber getrennt halten.

Überfall gemäß § 911 des deutschen **Bürgerlichen Gesetzbuches:**
Unter dieser bedrohlich klingenden Überschrift wird nicht etwa der Bankraub, sondern das schwerwiegende Problem des Eigentums an Früchten behandelt, die auf das benachbarte Grundstück hinübergefallen sind. Der Nachbar darf die Äpfel und Birnen als Entschädigung für diesen Überfall aufklauben und behalten.

In **Victoria**, **Australien**, dürfen nur zugelassene Elektriker Glühbirnen auswechseln. Bei einem Verstoss gegen diese Vorschrift wird eine Geldstrafe von $10 fällig. Der Einsatz des Elektrikers kostet allerdings mindestens $25.

In **Denver**, **Colorado**, ist es verboten, dem Nachbarn den Staubsauger zu leihen.

In **Nova Scotia**, **Kanada**, darf der Rasen nicht bewässert werden, wenn es regnet.

In **England** ist es untersagt, Bettdecken aus den Fenstern zu hängen. (Damit ist nunmehr, wenn schon nichts anderes, wenigstens das Geheimnis des muffligen Geruchs in englischen Schlafzimmern gelüftet.)

In **Schottland** ist selbst das unbefugte Betreten fremder Grundstücke erlaubt, während es in Winnipeg, Kanada, nicht einmal gestattet ist, in der eigenen Wohnung nackt zu sein, solange die Jalousien hochgezogen sind.

In **Alberta**, **Kanada**, dürfen Baumstämme nicht angestrichen werden.

In **Kanata**, **Kanada**, ist selbst die Farbe der Häuser und der Garagentore durch Gemeindesatzung geregelt.

In **Wawa**, **Kanada**, dürfen Leitern nicht angestrichen werden, weil ihre Sprossen dann bei Nässe rutschig und gefährlich werden und dies wiederum einen Unfall zur Folge haben kann.

In **Beaconsfield**, **Kanada**, stellt es bereits ein Vergehen dar, wenn an einem Haus mehr als zwei Farben verwendet wurden. Darüber hinaus ist dort auch der Besitz einer Blockhütte untersagt.

Innerhalb der Stadtgrenzen von **Pueblo**, **Colorado**, darf kein Löwenzahn angebaut werden.

In **Florida** ist es hingegen nicht erlaubt, pro Tag mehr als drei Geschirrteile zu zerbrechen oder die Ecken von mehr als vier Tassen oder Untertassen anzuschlagen.

Die Bürger von **Acworth** in **Georgia** sind gesetzlich verpflichtet, eine Harke zu besitzen.

Alle Bewohner **Hawaiis**, die kein Boot besitzen, können mit einer Geldstrafe belegt werden.

In **Lake Charles**, **Louisiana**, ist es einer Regenpfütze untersagt, länger als 12 Stunden auf dem Vorderrasen zu verbleiben.

In **Maine** kann ein Hausherr, der seine Weihnachtsdekoration auch nach dem 14. Januar nicht abnimmt, mit einer Geldstrafe belegt werden.

In **Rumford**, **Maine**, dürfen Mieter ihre Vermieter nicht beißen.

In den Gärten **Marylands** dürfen keine Disteln wachsen. Auch gilt dort das Werfen von Heuballen aus den Fenstern des 2. Stocks innerhalb der Stadtgrenzen als Vergehen.

In **Massachusetts** ist stattdessen Schnarchen gesetzlich verboten, es sei denn, sämtliche Schlafzimmerfenster sind fest verschlossen.

In **Minnesota** hingegen ist nicht nur das Aufhängen von Männer- und Frauenunterwäsche auf derselben Wäscheleine ungesetzlich. Vielmehr gilt es hier auch als Verbrechen, nackt zu schlafen.

In **New York** sollen nach 22.00 Uhr keine Hausschuhe getragen werden, und wenn Sie beabsichtigen eine Wäscheleine im Freien zu benutzen, benötigen Sie dort eine behördliche Genehmigung.

In **North Dakota** ist es illegal, sich mit Schuhen hinzulegen und einzuschlafen.

Eine besondere Reinigungsverordnung in **Pennsylvania** verbietet es Hausfrauen, Schmutz und Staub unter dem Teppich ihrer Wohnung zu verstecken.

In **Atloona**, **Pennsylvania**, ist es einem Babysitter darüber hinaus nicht gestattet, den Kühlschrank seiner Arbeitgeber zu reinigen.

In **Pittsburgh**, **Pensylvania**, ist es dagegen lediglich untersagt, auf einem Kühlschrank zu schlafen.

Nach dem Gesetz von **West Warwick**, **Rhode Island**, ist es ein Verbrechen, an geraden Kalendertagen den Garten zu bewässern; hierauf steht eine Geldstrafe von $25 bis zu $100.

Wussten Sie, dass Atlas- und Libanon-Zedern (Cedrus atlantica und libani) zu den sehr stark wachsenden und damit potentiell nachbargefährdenden Allee- und Parkbäumen gehören, die in **Hessen** mindestens 4 m von der Grundstücksgrenze entfernt gepflanzt werden müssen? Weitere Grenzabstände für insgesamt 40 Pflanzenarten samt deren exakten lateinischen Bezeichnungen können Sie millimetergenau im **Hessischen** Nachbarrechtsgesetz nachlesen.

17. Landeverbot für Ufos

Kleine Sammlung sinnloser Gesetze

Im letzten Kapitel wird Ihnen eine bunte Mischung absurder Vorschriften präsentiert. Freuen Sie sich auf das Godzilla-Verbot, die Regelung der Ruhezeiten in Käsefabriken sowie die amtliche Definition der menschlichen Leiche.

In **Frankreich** ist es verboten, eine fliegende Untertasse auf einem Weinberg zu landen oder abzustellen.

In **Texas** ist es untersagt, vor einem Leichnam zu fluchen oder sich unanständig zu entblößen. In **Georgia** gilt dies nur für Leichen, die sich im Büro des Leichenbeschauers oder in der Leichenhalle befinden.

Godzilla-Verbot! Monstern ist es in **Urbana**, **Illinois**, verboten, die Stadtgrenze zu überschreiten.

Während die Rechengrösse Pi weltweit mit einem Wert von 3,1415... in Ansatz gebracht wird, belief sich Pi in **Indiana** bis vor kurzem noch auf einen Wert von glatten 4.

In **Texas** ist die gesamte Encyclopaedia Britannica verboten, weil sie eine Rezeptur zum häuslichen Bierbrauen enthält.

Normale Menschen telefonieren, der Leser des **deutschen** Bürgerlichen Gesetzbuches hingegen macht Anträge »mittels Fernsprechers von Person zu Person«.

Trauernde in **Massachusetts** dürfen bei einem Leichenschmaus nicht mehr als drei Sandwiches essen.

In **Newport, Rhode Island**, ist es nach Sonnenuntergang nicht mehr erlaubt, eine Pfeife zu rauchen.

In **South Dakota** ist es nicht erlaubt, sich in der Käsefabrik hinzulegen und einzuschlafen.

»Eine Sache ist nicht Zubehör, wenn sie im Verkehre nicht als Zubehör angesehen wird.«
Deutsches Bürgerliches Gesetzbuch, § 97 Abs.1 Satz 2

Nach dem **deutschen** Erbrecht kann zwar eine befruchtete Eizelle, nicht aber ein Spermium Erbe werden.

Auf **Hamburger** Friedhöfen dürfen Sie nicht jagen, Sport treiben oder zelten.

Menschliche Leiche im Sinne des Gesetzes ist der Körper eines Menschen, der keinerlei Lebenszeichen aufweist, und bei dem der körperliche Zusammenhang noch nicht durch den Verwesungsprozess völlig aufgehoben ist.
§ 9 Abs.1 Satz 1 Sächsisches **Bestattungsgesetz**